Do Coração da Amma

Conversas com
Sri Mata Amritanandamayi

Mata Amritanandamayi Center, San Ramon
Califórnia, Estados Unidos

Do Coração da Amma

Conversas com Sri Mata Amritanandamayi

Escrito e traduzido para o inglês por Swami Amritaswarupananda

Publicado por
Mata Amritanandamayi Center
P.O. Box 613
San Ramon, CA 94583
Estados Unidos

––––––––––– *From Amma's Heart (Portuguese)* –––––––––––

Primeira edição em português por MA Centro: abril 2016

No Brasil: www.ammabrasil.org

Em Portugal: www.ammaportugal.org

Em Índia:
www.amritapuri.org
inform@amritapuri.org

Este livro é oferecido aos
Pés de Lótus de nossa amada Amma,
a fonte de toda beleza e amor.

Índice

Prólogo

Sem comunicação verbal, a existência humana seria triste. A troca de idéias e o compartilhar de emoções são partes integrantes da própria vida. Entretanto, é o silêncio obtido através da oração e da meditação que realmente nos ajuda a encontrar a paz e a verdadeira felicidade neste mundo barulhento de diferenças conflitantes e competição.

Na vida diária normal, em que as pessoas têm que interagir e se comunicar em várias situações, é difícil fazer silêncio. Mesmo se nosso ambiente for propício à quietude, permanecer em silêncio não é tão fácil e pode até fazer com que seres humanos normais enlouqueçam. No entanto, o silêncio pleno de bem-aventurança é a verdadeira natureza de personalidades divinas como a Amma.

Ao observar a Amma lidando com várias situações e pessoas em todo o mundo, vi a graça e a perfeição com que ela passa de um estado a outro. Em um momento, Amma é o mestre espiritual supremo e, no momento seguinte, a mãe compassiva. Algumas vezes ela assume o temperamento de uma criança e, em outras, o temperamento de um administrador. Após aconselhar presidentes de empresas, cientistas premiados e líderes mundiais, ela simplesmente levanta e caminha ao salão de *darshan*, onde recebe e consola milhares de seus filhos, pertencentes às várias camadas da sociedade. Geralmente, Amma passa o dia todo e a maior parte da noite confortando seus filhos, escutando-os, secando-lhes as lágrimas, infundindo-lhes fé, confiança e força. Durante tudo isso, Amma sempre permanece em seu estado sereno, nunca fica cansada, nunca reclama. Seu rosto está sempre resplandecente com aquele sorriso radiante. Amma, o extraordinário em sua forma comum, dedica cada momento da vida aos outros. O que torna a Amma diferente de nós? Qual é o segredo? De onde vem essa infinita energia e poder? A presença da Amma revela a resposta a essas perguntas de forma muito clara e tangível, e suas palavras reafirmam: "A beleza de suas palavras, o encanto em suas ações, o fascínio de seus movimentos, tudo depende da quantidade de silêncio que você cria dentro de si. Os humanos têm a capacidade de ir cada vez mais fundo neste silêncio. Quanto mais profundo forem, mais perto chegarão do infinito."

Este profundo silêncio é o centro da existência da Amma. O amor incondicional, a paciência inacreditável, a graça e a pureza extraordinárias, tudo o que a Amma personifica são extensões do vasto silêncio em que ela se regala.

Havia uma época em que a Amma não falava como faz hoje. Uma vez, ao ser indagada sobre isso, respondeu: "Mesmo que a Amma falasse, vocês não compreenderiam coisa alguma." Por quê? Porque, ignorantes que somos, não podemos começar a entender a mais alta e sutil experiência em que a Amma está estabelecida. Então, por que a Amma está falando? É melhor responder com as palavras dela: "Se ninguém guiar os aspirantes à Verdade, eles podem abandonar o caminho, pensando que não existe um estado como a Auto-realização."

De fato, grandes almas como a Amma preferem permanecer em silêncio a falar sobre a realidade por trás desse mundo objetivo de acontecimentos. Amma sabe muito bem que essa Verdade, quando transposta em palavras, é inevitavelmente distorcida e que nossas mentes limitadas e ignorantes a interpretarão incorretamente, da forma que menos perturbar nosso ego. Mesmo assim, esta encarnação de compaixão fala conosco, responde as nossas perguntas e esclarece nossas dúvidas, sabendo perfeitamente que nossas mentes irão criar mais e mais perguntas confusas. São a paciência e o amor sem mácula da Amma que fazem com que ela continue respondendo as nossas perguntas bobas. Ela não irá parar até que nossas mentes também se tornem silenciosas e felizes.

Nas conversas registradas neste livro, Amma, a Mestre dos Mestres, traz sua mente ao nível de seus filhos, nos ajudando a obter um vislumbre da realidade imutável que serve como o substrato para o mundo em mutação. Venho coletando essas pérolas de sabedoria desde 1999. Quase todas as conversas e lindos incidentes deste livro foram registrados durante os programas da Amma no Ocidente. Sentado ao lado da Amma durante o *darshan*, tenho tentado escutar as doces melodias divinas do coração da Amma, sempre pronta a compartilhá-las com seus filhos. Não é fácil capturar a pureza, a simplicidade e a profundidade das palavras da Amma. Isso está, definitivamente, além da minha capacidade. No entanto, por mérito exclusivo da infinita compaixão da Amma, tenho conseguido registrar esses discursos divinos que aqui estão reproduzidos.

Como ela própria, as palavras da Amma têm também uma dimensão mais profunda que imediatamente salta aos olhos – um aspecto infinito que o homem comum não pode apreender. Tenho que confessar minha própria inabilidade para compreender e apreciar completamente o significado mais profundo das palavras da Amma. Nossas mentes, que vagueiam pelo mundo trivial dos objetos, não conseguem compreender a mínima parte do mais alto estado de consciência, de onde Amma está falando. Com isso, tenho a forte sensação que as palavras da Amma contidas neste livro são muito especiais e, de alguma forma, diferentes daquelas dos livros anteriores.

Meu desejo mais profundo era selecionar e apresentar as lindas conversas informais entre Amma e seus filhos. Levei anos para coletá-las; dentro delas está contido todo o universo. Essas palavras vêm da profunda consciência da Amma. Assim, abaixo da superfície, está aquele silêncio bem-aventurado – a verdadeira natureza da Amma. Leiam com um profundo sentimento. Contemplem e meditem nesse sentimento, e as palavras revelarão seu significado interior.

Queridos leitores, tenho certeza que o conteúdo deste livro enriquecerá e aprimorará suas buscas espirituais, esclarecendo suas dúvidas e purificando suas mentes.

Swami Amritaswarupananda
15 de setembro de 2003

O propósito da vida

Pergunta: Amma, qual é o propósito da vida?

Amma: Depende de suas prioridades e de como você encara a vida.

Pergunta: Minha pergunta é qual é o "real" propósito da vida.

Amma: O propósito real é vivenciar o que está além desta existência física. No entanto, cada um vê a vida de forma diferente. A maior parte dos seres humanos vê a vida como uma luta constante pela sobrevivência. Essas pessoas acreditam na teoria que diz que "o mais forte sobreviverá". Ficam satisfeitas com um estilo de vida normal – por exemplo, conseguir uma casa, um trabalho, um carro, uma esposa ou um marido, filhos e dinheiro o suficiente para viver. Sim, essas são coisas importantes, e precisamos nos concentrar em nossas vidas diárias e cuidar de nossas responsabilidades e obrigações, as pequenas e as grandes. Mas há mais na vida, um propósito superior, que é conhecer e perceber quem somos.

Pergunta: Amma, o que obtemos sabendo quem somos?

Amma: Tudo. Uma sensação de plenitude completa, com absolutamente nada mais a conquistar da vida. Essa realização torna a vida perfeita.

Independentemente daquilo que acumula ou que luta para conseguir, para a maioria das pessoas a vida ainda parece incompleta, como a letra "C". Esta lacuna ou falta estará sempre lá. Somente o conhecimento espiritual e a realização do Eu superior [*Atman*] podem preencher esta lacuna e unir as duas extremidades, formando a letra "O". Somente o conhecimento "Daquilo" nos ajudará a sentir-nos bem estabelecidos no centro real da vida.

Pergunta: E as responsabilidades materiais que as pessoas têm que cumprir?

Amma: Não importa o que somos ou o que estamos fazendo; as responsabilidades que desempenhamos no mundo devem nos ajudar a alcançar o *dharma* supremo, que é a unicidade com o Ser Universal. Todos os seres vivos são um, porque a vida é uma, e a vida tem somente um propósito. Devido à identificação com o corpo e a mente, podemos pensar que buscar o Eu superior e alcançar a Auto-realização não seja nosso *dharma*: "Meu *dharma* é trabalhar como músico ou ator ou como empresário". Não há problema em se sentir assim. No entanto, nunca encontraremos a plenitude se não direcionarmos nossa energia para a meta suprema da vida.

Pergunta: Amma, a senhora diz que o propósito da vida para todos nós é a Auto-realização, mas não parece ser assim, pois a maior parte das pessoas não alcança a realização, nem mesmo parece buscá-la.

Amma: Isso ocorre porque a maior parte das pessoas não tem compreensão espiritual. A isso chamamos de maia, o poder ilusório do mundo que encobre a Verdade e distancia a humanidade dela. Quer tenhamos consciência ou não, o verdadeiro propósito da vida é realizar a divindade interior. Há muitas coisas que você pode não saber no seu presente estado mental. Seria infantil dizer: "Elas não existem, porque não tenho consciência delas". À medida que as situações e experiências se revelarem, novas e desconhecidas fases da vida se abrirão e o levarão cada vez mais perto de seu verdadeiro Eu superior. É apenas uma questão de tempo. Para alguns, essa realização pode já ter ocorrido; para outros, acontecerá a qualquer momento; e ainda há outros que irão percebê-lo em um estágio posterior. Não pense que jamais irá acontecer simplesmente porque ainda não aconteceu ou talvez não aconteça nesta vida. Dentro de você, um imenso conhecimento está esperando sua permissão para se revelar. Mas isso não acontecerá se você não o permitir.

Pergunta: Quem deve permitir? A mente?

Amma: Todo o seu ser – a mente, o corpo e o intelecto.

Pergunta: É uma questão de compreensão?

Amma: É uma questão de compreender e agir.

Pergunta: Como desenvolvemos essa compreensão?

Amma: Desenvolvendo humildade.

Pergunta: O que há de tão notável na humildade?

Amma: A humildade o torna receptivo a todas as experiências sem julgá-las. Assim, você aprende mais. Não é somente uma questão de compreensão intelectual. Há muitas pessoas de todo o mundo que têm informações espirituais mais do que suficientes na cabeça. Ainda assim, entre essas pessoas, quantas são realmente espiritualizadas e lutam sinceramente para atingir a meta ou até mesmo tentam obter uma compreensão mais profunda dos princípios espirituais? Muito poucas, não é?

Pergunta: Então, Amma, qual é o problema real? É a falta de fé ou a dificuldade de sair da mente?

Amma: Se você tiver fé verdadeira, cairá automaticamente no coração.

Pergunta: Então, é a falta de fé?

Amma: O que você acha?

Pergunta: Acho que sim, que é a falta de fé. Mas por que a senhora disse "cairá" no coração?

Amma: Fisicamente falando, a cabeça é a parte superior do corpo. Para ir dali ao coração, temos que cair. No entanto, falando espiritualmente, isso é subir e voar alto.

Seja paciente porque você é um paciente

Pergunta: Como alguém consegue uma ajuda real de um *Satguru* [mestre verdadeiro]?

Amma: Para receber ajuda, aceite antes que você é um paciente e, em seguida, seja paciente.

Pergunta: Amma, a senhora é nosso médico?

Amma: Nenhum bom médico sai por aí anunciando: "Sou o melhor médico. Venham até mim, irei curá-los." Mesmo que um paciente tenha o melhor médico, se o paciente não tiver fé em seu médico, o tratamento poderá não ser muito eficiente. Independentemente de hora e lugar, todas as operações que ocorrem nas salas de cirurgia da vida são realizadas por Deus. Você já viu como os cirurgiões usam uma máscara enquanto estão realizando uma operação? Ninguém os reconhece nesse momento, mas ali, atrás da máscara, está o médico. Da mesma forma, um pouco abaixo da superfície de todas as experiências na vida, está a face compassiva de Deus ou do Guru.

Pergunta: Amma, a senhora não é dura com seus discípulos quando se trata de remover egos?

Amma: Quando um médico opera e remove a parte cancerosa do corpo de um paciente, você acha que ele está sendo duro? Se for assim, Amma também é dura, por assim dizer. Mas a Amma só tocará o ego de seus filhos se eles cooperarem.

Pergunta: O que a senhora faz para ajudá-los?

Amma: Amma ajuda seus filhos a enxergarem o câncer do ego – as fraquezas e as negatividades interiores – e torna mais fácil para que se desfaçam dele. Essa é a verdadeira compaixão.

Pergunta: A senhora considera seus filhos como seus pacientes?

Amma: É mais importante que eles percebam que são pacientes.

Pergunta: Amma, o que a senhora quer dizer com a "cooperação do discípulo"?

Amma: Fé e amor.

Pergunta: Amma, esta é uma pergunta boba, mas não posso deixar de fazê-la. Por favor, perdoe-me se eu for tolo demais.

Amma: Vá em frente. Pergunte.

Pergunta: Qual é a porcentagem de sucesso em suas cirurgias?

Amma riu alto e gentilmente bateu no topo da cabeça do devoto.

Amma: (ainda rindo) Filho, cirurgias bem-sucedidas são muito raras.

Pergunta: Por quê?

Amma: Porque o ego não permite que a maioria das pessoas coopere com o médico. Ele não permite que o médico faça um bom trabalho.

Pergunta: (de maneira travessa) O médico é a senhora, certo?

Amma: (respondendo em inglês) Não sei.

Pergunta: Certo. Amma, qual é a condição básica para que esse tipo de cirurgia tenha sucesso?

Amma: Quando um paciente já está na mesa de cirurgia, a única coisa que pode fazer é ficar quieto, ter fé no médico e entregar-se. Hoje em dia, mesmo em pequenas cirurgias, os médicos dão anestesia ao paciente, pois ninguém quer sentir dor. As pessoas preferem ficar inconscientes durante processos dolorosos. A anestesia, tanto geral como local, faz com que os pacientes fiquem alheios ao procedimento. No entanto, quando um mestre verdadeiro trabalha em você, ou em seu ego, ele prefere agir enquanto você está consciente. A cirurgia do mestre divino remove o ego canceroso do discípulo. Todo o processo é mais fácil quando o discípulo fica aberto e consciente.

19

O significado verdadeiro
de dharma

Pergunta: O *dharma* é explicado de várias formas por diferentes pessoas. É confuso ter tantas interpretações para um único termo como *dharma*. Amma, qual é o verdadeiro significado de *dharma*?

Amma: O verdadeiro significado de *dharma* surge somente quando vivenciamos Deus como nossa fonte e apoio. Isso não se encontra em palavras ou em livros.

Pergunta: Esse é o *dharma* mais elevado, certo? Mas como encontramos um significado que se encaixe em nosso dia-a-dia?

Amma: É uma revelação que nos ocorre à medida que passamos pelas diversas experiências de vida. Para algumas pessoas, essa revelação acontece rapidamente, elas encontram logo o caminho e o rumo corretos. Para outras, é um processo lento. Talvez tenham que passar por um processo de tentativa e erro antes de chegarem a um ponto na vida onde possam começar a realizar seu *dharma* neste mundo. Isso não significa que o que fizeram no passado foi desperdiçado. Não, esse processo enriquecerá a experiência deles e aprenderão algumas lições com ele, desde que permaneçam abertos.

Pergunta: Levar uma vida familiar normal e enfrentar os desafios e problemas de um chefe de família pode dificultar o despertar espiritual de alguém?

Amma: Não se tivermos a Auto-realização como nossa meta final. Se esta for a nossa meta, moldaremos todos os nossos pensamentos e ações de forma que nos ajudem a alcançar nosso objetivo, não é? Estaremos sempre conscientes de nosso verdadeiro destino. Uma pessoa que viaja de um lugar para outro pode fazer várias paradas para tomar chá ou comer, mas sempre voltará ao veículo. Mesmo quando fazem essas paradas, as pessoas têm consciência de seu destino original. Da mesma forma, na vida, podemos parar várias vezes e fazer várias coisas. Entretanto, não devemos esquecer de embarcar novamente no veículo que nos leva ao caminho espiritual e ficar sentado com o cinto de segurança bem atado.

Pergunta: "Cinto de segurança bem atado"?

Amma: Sim. Quando você viaja, massas de ar podem gerar turbulências e, algumas vezes, a viagem pode ser instável. Mesmo de carro, podem ocorrer acidentes. Assim, é sempre melhor estar seguro e tomar certas medidas de precaução. De forma similar, na jornada espiritual, as situações que podem causar confusão mental e emocional não podem ser excluídas. Para nos proteger dessas circunstâncias, devemos escutar o *Satguru* [mestre verdadeiro], observar uma disciplina e o certo e o errado na vida. Esses são os cintos de segurança da jornada espiritual.

Pergunta: Então, seja qual for nosso trabalho, ele não deve nos desviar do nosso *dharma* mais elevado, que é a realização de Deus. Amma, é isso o que a senhora está sugerindo?

Amma: Sim. Para aqueles entre vocês que levam uma vida de contemplação e meditação, o fogo do anseio deve permanecer incandescente em seu interior.

O significado de *dharma* é "aquilo que dá suporte" – aquilo que dá sustentação à vida e à existência é o *Atman* [Eu superior]. Assim, *dharma*, embora usado de forma geral com o significado de "o dever de alguém" ou o caminho que uma pessoa deve seguir no mundo, essencialmente aponta para a Auto-realização. Neste sentido, somente os pensamentos e ações que dão suporte à nossa evolução espiritual podem ser chamados de *dharma*.

Ações realizadas no momento certo, com a atitude correta e da forma correta são dhármicas. Este sentido de ação correta pode ajudar no processo de purificação mental. Você pode ser empresário ou motorista, açougueiro ou político; seja qual for seu trabalho, se for feito como seu *dharma*, como uma forma para alcançar *moksha* [liberação], suas ações se tornarão sagradas. Foi dessa forma que as *gopis* [esposas dos pastores] de Vrindavan, que ganhavam a vida vendendo leite e manteiga, se tornaram tão próximas de Deus e, por fim, atingiram a meta da vida.

Amor e amor

P ergunta: Amma, qual é a diferença entre amor e Amor?

Amma: A diferença entre amor e Amor é a diferença entre os seres humanos e Deus. Amor é a natureza de Deus, e amor é a natureza dos seres humanos.

Pergunta: Mas Amor é a verdadeira natureza dos seres humanos também, não é?

Amma: Sim, se a pessoa perceber esta verdade.

Consciência interna
e ciência externa

Pergunta: Amma, o que é Deus?

Amma: Deus é pura consciência; Deus é pura ciência externa.

Pergunta: Consciência e ciência externa são a mesma coisa?

Amma: Sim, são a mesma coisa. Quanto mais consciência externa você tiver, mais consciente internamente estará e vice-versa.

Pergunta: Amma, qual é a diferença entre matéria e consciência?

Amma: Uma está dentro e a outra está fora. A matéria é o externo, e a consciência é o interno. O externo está mudando, e o interno, o *Atman* [Eu superior] que reside internamente é imutável. É a presença do *Atman* que vivifica e ilumina a tudo. O *Atman* tem luminosidade própria, enquanto a matéria não. Sem consciência, a matéria permanece desconhecida. Entretanto, quando se transcende todas as diferenças, se vê tudo impregnado de pura consciência.

Pergunta: "Quando se transcende todas as diferenças, se vê tudo como impregnado de pura consciência". Amma, a senhora sempre usa exemplos lindos. Poderia dar outro exemplo desse tipo, para que possamos visualizar melhor essa questão?

Amma: (sorrindo) Milhares de exemplos bonitos não impedirão que a mente repita as mesmas perguntas. Somente a experiência pura pode clarear todas as dúvidas. No entanto, se o intelecto obtiver um pouco mais de satisfação com um exemplo, a Amma não é contra isso.

É como estar em uma floresta. Quando você está na floresta, vê todos os tipos diferentes de árvores, plantas e trepadeiras, em toda sua diversidade. Mas quando sai da floresta e começa a se afastar, ao olhar para trás, todas as árvores e plantas diferentes desaparecem gradualmente, até que, ao final, você contempla tudo como uma única floresta. Da mesma forma, à medida que se transcende a mente, suas limitações na forma de desejos insignificantes e todas as diferenças criadas pelos sentimentos de "eu" e "você" desaparecerão. Aí então, você começará a vivenciar tudo como o uno e único Eu superior.

A consciência sempre é

Pergunta: Se a consciência está sempre presente, há alguma prova convincente da existência dela?

Amma: Sua própria existência é a prova mais convincente da consciência. Você pode negar sua própria existência? Não, porque até mesmo sua negativa é prova de que você existe, não é? Imagine que alguém pergunte: "Oi, você está aí?" e você responda: "Não, não estou." Até mesmo a resposta negativa torna-se uma evidência clara de que você está realmente ali. Não é necessário reafirmar. A simples negação já é a prova. Assim, o *Atman* [Eu superior] não pode nem mesmo ser questionado.

Pergunta: Neste caso, por que a experiência é tão difícil de ser alcançada?

Amma: "Aquilo que é" somente pode ser vivenciado quando estamos conscientes dele. Caso contrário, permanece desconhecido para nós, embora exista. Simplesmente a verdade daquilo que está ali era desconhecida para nós. A lei da gravidade existia antes de ter sido descoberta. Uma pedra que é jogada para cima sempre terá que cair novamente. Da mesma forma, a consciência está sempre presente dentro de nós – agora, no momento presente – mas podemos não estar conscientes disso. De fato, somente o momento presente é real, mas, para vivenciá-lo, precisamos de uma nova visão, de um novo olho e até mesmo de um novo corpo.

Pergunta: "Um novo corpo"? O que a senhora quer dizer com isso?

Amma: Isso não significa que o corpo que você tem desaparecerá. Ele parecerá o mesmo, mas passará por uma mudança sutil, uma transformação. Porque somente então o corpo poderá conter a consciência em permanente expansão.

Pergunta: O que a senhora quer dizer com consciência em expansão? Os Upanixades afirmam que o Absoluto é *purnam* [sempre pleno]. Os Upanixades dizem: "purnamada purnamidam..." ["Isso é o todo, aquilo é o todo..."], assim não compreendo como a consciência já perfeita pode aumentar?

Amma: Isso é verdade. No entanto, no plano individual ou físico, o aspirante espiritual passa por uma experiência de expansão da consciência. A *shakti* [energia divina] total, naturalmente, é imutável. Embora do ponto de vista do Vedanta [filosofia espiritual hindu de não dualismo] não exista uma jornada espiritual, para o indivíduo há o que é chamado de caminho para o estado de perfeição. Quando se alcança a meta, se percebe também que todo o processo, inclusive o caminho, era irreal, porque você sempre esteve ali naquele estado, nunca esteve longe dele. Até que a realização final ocorra, há uma expansão de consciência e de conscientização que depende do progresso do *sadhak* [aspirante espiritual]. Por exemplo, o que acontece quando você tira água de um poço? O poço é imediatamente reabastecido com a água da fonte debaixo dele. A fonte continuará a encher o poço. Quanto mais água for retirada, mais água virá da fonte. Assim, pode-se dizer que a água no poço continua a aumentar. A fonte é a origem sem fim. O poço está cheio e fica cheio porque está eternamente conectado à fonte. O poço continua a se tornar perfeito, continua expandindo.

Pergunta: (após um silêncio pensativo) É muito vívido, mas ainda soa complicado.

Amma: Sim, a mente não compreende isso. Amma sabe. O mais fácil é o mais difícil. O mais simples continua a ser o mais complexo. E o mais próximo parece estar mais longe. Continuará a ser um enigma até que você realize o Ser superior. É por esta razão que os *rishis* [antigos profetas] descreveram o *Atman* como "mais longe que o mais distante e mais próximo que o mais próximo".

Filhos, o corpo humano é um instrumento muito limitado, que não pode conter a consciência ilimitada. No entanto, como o poço, quando estivermos conectados com a fonte eterna de *shakti*, nossa consciência continuará a expandir dentro de nós. Quando o estado mais elevado de *samadhi* [estado natural de permanência no Ser] é alcançado, a conexão entre o corpo e a mente, entre Deus e o mundo começará a funcionar em perfeita harmonia. Então, não haverá mais crescimento, não haverá nada. Você permanecerá uno com o oceano infinito de consciência.

Nenhuma pretensão

Pergunta: Amma, a senhora tem alguma pretensão?

Amma: Pretensão de quê?

Pergunta: De que a senhora é a encarnação da Divina Mãe ou um mestre plenamente realizado e assim por diante.

Amma: O presidente ou o primeiro-ministro de qualquer país fica anunciando: "Você sabe quem eu sou? Eu sou o presidente/primeiro-ministro", em todos os lugares em que vai? Não. Eles são o que são. Até mesmo afirmar ser um Avatar [Deus encarnado em forma humana] ou alegar ser Auto-realizado implica em ego. De fato, se alguém alegar ser uma encarnação, uma alma perfeita, isso por si só é a prova de que não é. Os mestres perfeitos não têm esse tipo de pretensão; são sempre um exemplo ao mundo, humildes. Lembre-se, a Auto-realização não o torna especial, torna-o humilde. Para ter pretensões, não é preciso ser Auto-realizado ou ter qualquer poder especial. A única coisa que você precisa ter é um grande ego, um orgulho falso, e isso é o que um mestre perfeito não tem.

A importância do Guru no caminho espiritual

Pergunta: Por que se dá ao Guru tanta importância no caminho espiritual?

Amma: Por favor, diga para a Amma, há qualquer caminho ou trabalho que você possa aprender sem a ajuda de um professor ou de uma guia? Se você quer aprender a dirigir, precisa que um motorista experiente o ensine. A criança precisa ser ensinada a amarrar o laço do sapato. E como aprender matemática sem um professor? Mesmo um batedor de carteiras precisa de um professor para ensiná-lo a arte do roubo. Se os professores são indispensáveis na vida comum, não seria ainda mais necessário um professor no caminho espiritual, que é tão extremamente sutil? Se você quiser ir a um local distante, talvez compre um mapa. No entanto, por mais que estude aquele mapa, se estiver indo para uma terra totalmente estranha, um local desconhecido, você não saberá nada sobre aquele lugar até realmente chegar lá. O mapa não lhe informará muito sobre a viagem em si, sobre os altos e baixos da estrada e sobre os possíveis perigos durante o caminho. Assim, é melhor receber orientação de alguém que já concluiu o caminho, alguém que conhece o caminho por experiência própria. O que você sabe sobre o caminho espiritual? É um mundo e um caminho totalmente desconhecidos. Você pode ter obtido algumas informações dos livros ou das pessoas. Mas quando se trata de realmente trilhar o caminho, quando se trata da parte de vivenciá-lo, a orientação de um *Satguru* [mestre verdadeiro] é absolutamente necessária.

O toque curador da Amma

Um dia, um coordenador dos programas europeus levou uma jovem que chorava copiosamente até a Amma, e disse: "Ela tem uma história muito triste para contar à Amma". Com as lágrimas rolando, a mulher contou à Amma que o pai havia saído de casa quando ela completara apenas cinco anos. Quando menina, ela costumava perguntar à mãe sobre o paradeiro do pai, mas a mãe nunca tinha nada de bom para dizer à menina sobre ele, pois o relacionamento de ambos havia sido muito ruim. À medida que os anos se passaram, a curiosidade da jovem sobre o pai sumiu gradualmente.

Dois anos antes, ou seja, vinte anos após o desaparecimento do pai, a mãe da jovem morreu. Ao organizar os pertences da mãe, a jovem surpreendeu-se ao encontrar o endereço do pai em um dos antigos diários da mãe e logo conseguiu o telefone dele. Incapaz de conter seu entusiasmo, a jovem imediatamente telefonou-lhe. A alegria do pai e da filha foi ilimitada. Após falarem por um longo tempo ao telefone, decidiram encontrar-se. O pai concordou em ir de carro até o vilarejo em que ela vivia, e acertaram um dia para a visita. Mas o destino foi extremamente cruel, decididamente brutal. Durante a viagem do pai para encontrar a filha, um acidente tirou-lhe a vida.

A jovem estava inconsolável. Os responsáveis pelo hospital intimaram-na a identificar o pai, e o corpo dele lhe foi entregue. Imagine o estado emocional da jovem. Ela havia esperado com enorme expectativa para encontrar o pai por 20 anos e, no final, tudo o que viu foi o corpo dele! Para piorar as coisas, os médicos informaram-na que o acidente aconteceu porque o pai havia tido um enfarto enquanto dirigia, possivelmente causado pela excitação de encontrar a filha após tantos anos.

Naquela manhã, quando a Amma recebeu a jovem, testemunhei um dos *darshans* mais bonitos e comoventes da minha vida. Enquanto a jovem chorava abrindo seu coração, Amma limpava as suas próprias lágrimas que corriam por seu rosto. Abraçando-a com carinho, Amma segurou a cabeça da jovem em seu colo, secou-lhe as lágrimas, acariciou e beijou a jovem de forma afetuosa e disse: "Minha filha, minha pequena, não chore!" Amma fez com que a jovem se sentisse calma e confortada. Não houve praticamente qualquer comunicação verbal entre as duas. Observando essa cena da forma mais aberta que podia, eu estava aprendendo outra lição importante sobre a cura de um coração ferido e como essa cura ocorre na presença da Amma. Quando a jovem se afastou, sua mudança era evidente. Ela parecia muito aliviada e calma. Enquanto se afastava, a jovem virou-se para mim e disse: "Após encontrar a Amma, sinto-me leve como uma flor".

Amma usa muito poucas palavras durante ocasiões intensas como esta, especialmente quando se trata de compartilhar a dor e sofrimento dos outros. Somente o silêncio associado ao sentimento profundo pode refletir a dor dos outros. Quando surgem situações desse tipo, Amma fala através de seus olhos, compartilhando a dor do seu filho e expressando seu profundo amor, interesse, participação e cuidado.

Como a Amma diz: "O ego não pode curar ninguém. Falar sobre alta filosofia em uma linguagem sofisticada somente irá confundir as pessoas. Por outro lado, um olhar ou o toque de uma pessoa sem ego facilmente retira as nuvens da dor e do desespero da mente de alguém. Isso é o que leva à verdadeira cura."

A dor da morte

Pergunta: Amma, por que há tanto medo e dor associados à morte?

Amma: O excesso de apego ao corpo e ao mundo cria dor e medo da morte. Quase todos acreditam que a morte é a completa aniquilação. Ninguém quer partir do mundo e desaparecer no esquecimento. Quando temos esse tipo de apego, o processo de deixar o corpo e o mundo pode ser doloroso.

Pergunta: A morte será indolor se superarmos esse apego?

Amma: Se alguém superar o apego ao corpo, não apenas a morte será indolor, mas também será uma experiência jubilosa. Você pode permanecer como testemunha da morte do corpo. Uma atitude desapegada torna a morte uma experiência inteiramente diferente.

A maioria das pessoas morre em terrível decepção e frustração. Consumidas por uma tristeza profunda, as pessoas passam seus últimos dias em ansiedade, dor e profundo desespero. Por quê? Porque nunca aprenderam como se despedir e se liberar de seus sonhos, desejos e apegos sem sentido. Para essas pessoas, a velhice, especialmente os últimos dias, é pior que um inferno. É por isso que a sabedoria é importante.

Pergunta: A sabedoria surgirá à medida que envelhecermos?

Amma: Esta é a crença comum. Após ter visto e vivenciado tudo nas diferentes fases da vida, supostamente a sabedoria despontaria. No entanto, não é tão fácil alcançar esse nível de sabedoria, particularmente no mundo de hoje, em que as pessoas se tornaram tão egoístas.

Pergunta: Qual é a qualidade básica que alguém precisa desenvolver para conquistar esse tipo de sabedoria?

Amma: Uma vida contemplativa e meditativa. Isso nos dá a capacidade para nos aprofundarmos nas diversas experiências de vida.

Pergunta: Amma, como a maioria das pessoas do mundo não tem uma natureza contemplativa nem meditativa, (esse conselho) é realmente prático para elas?

Amma: Depende de quanta importância uma pessoa dá a isso. Lembre-se que houve um tempo em que a contemplação e a meditação eram parte integrante da vida. Por isso tantas descobertas eram feitas então, embora a ciência e a tecnologia não fossem tão desenvolvidas quanto hoje. As descobertas daqueles dias continuam a ser a base daquilo que fazemos no mundo moderno.

No mundo de hoje, o que é mais importante com freqüência não é aceito, sendo declarado "impraticável". Esta é uma das características de *Kaliyuga*, a era da escuridão materialista. É fácil despertar uma pessoa que está dormindo, mas é difícil despertar alguém que finge estar dormindo. Tem alguma utilidade segurar um espelho na frente de uma pessoa cega? Nesta era, as pessoas preferem manter os olhos fechados à Verdade.

Pergunta: Amma, o que é a verdadeira sabedoria?

Amma: A verdadeira sabedoria é aquilo que ajuda a tornar a vida simples e bela. É a compreensão exata que se obtém através do discernimento correto. Quando esta qualidade é realmente parte integrante de uma pessoa, ela se reflete em seus pensamentos e ações.

A humanidade neste momento

Pergunta: Qual é o estado espiritual da humanidade no presente?

Amma: Falando de forma geral, há um enorme despertar espiritual em todo o mundo. As pessoas certamente estão se tornando cada vez mais conscientes da necessidade de um estilo de vida espiritualizado. Embora não conectem isso diretamente com a espiritualidade, a filosofia da Nova Era, a ioga e a meditação estão se tornando cada vez mais populares nos países ocidentais. Tornou-se moda praticar ioga e meditação em muitos países, especialmente na classe mais alta da sociedade. A idéia básica de viver em sintonia com a natureza e com os princípios espirituais está sendo aceita até mesmo por ateus. Em todos os lugares vê-se um anseio interior e um sentimento de urgência de mudança. Isso é, sem dúvida, um sinal positivo.

No entanto, por outro lado, a influência do materialismo e dos prazeres materiais também está cada vez mais incontrolável. Se as coisas continuarem assim, causarão um sério desequilíbrio. Quando se trata de prazeres materiais, as pessoas usam pouco discernimento e suas abordagens são, com freqüência, pouco inteligentes e destrutivas.

Pergunta: Há algo de novo ou especial sobre esta era?

Amma: Pode-se dizer que todo momento é especial. No entanto, esta era é especial porque quase alcançamos outro ápice da existência humana.

Pergunta: Realmente? Qual é este ápice?

Amma: O ápice do ego, da escuridão e do egoísmo.

Pergunta: Amma, a senhora poderia, por favor, explicar mais sobre isso?

Amma: Segundo os *rishis* [antigos sábios visionários], há quatro eras: *Satyayuga, Tretayuga, Dwaparayuga* e *Kaliyuga*. Atualmente estamos na *Kaliyuga*, a era escura do materialismo. Primeiro veio *Satyayuga*, um período em que existia somente verdade e honestidade. A humanidade já passou pelas outras duas eras, *Tretayuga* e *Dwaparayuga*, e agora chegou à *Kaliyuga*, a última era, que provavelmente irá culminar em outra *Satyayuga*. No entanto, à medida que entramos, permanecemos e saímos da *Tretayuga* e da *Dwaparayuga*, também perdemos muitos valores belos, como a verdade, a compaixão, o amor etc. A idade da verdade e da honestidade foi um ápice. As duas eras seguintes foram um período intermediário, quando ainda mantivemos um pouco do *dharma* [retidão] e de *satya* [verdade]. Agora, chegamos a outro ápice, aquele de *adharma* [injustiça] e de *asatya* [falsidade]. Somente lições de humildade ajudarão a humanidade a perceber a escuridão que a circunda atualmente. Isso nos preparará para subir ao topo da luz e da verdade. Vamos ter esperança e orar para que as pessoas de todos os credos e culturas em todo o mundo aprendam esta lição, que é a necessidade desta era.

Atalho à Auto-realização

Pergunta: No mundo de hoje, as pessoas buscam atalhos para todas as conquistas. Há qualquer atalho para a Auto-realização?

Amma: Isso seria o mesmo que perguntar: "Há qualquer atalho para mim mesmo?" A Auto-realização é o caminho ao seu próprio Ser superior. Assim, é tão simples como pressionar um botão. No entanto, você deve saber qual botão pressionar e como, porque esta conexão está oculta dentro de você. Ela não pode ser encontrada em qualquer lugar do lado de fora. É aí que você necessita da ajuda de um mestre divino. A porta está sempre aberta. Você só precisa passar por ela.

Progredir espiritualmente

Pergunta: Amma, venho meditando há anos. Entretanto, não sinto que estou realmente progredindo. Estou fazendo algo errado? A senhora acha que estou fazendo as práticas espirituais corretas?

Amma: Antes de tudo, Amma quer saber por que você acha que não está progredindo. Qual é o seu critério para o progresso espiritual?

Pergunta: Nunca tive qualquer visão.

Amma: Que tipo de visões você espera?

Pergunta: Nunca vi uma luz azul divina.

Amma: De onde tirou essa idéia de ver uma luz azul?

Pergunta: Um amigo me falou, e também li nos livros.

Amma: Filho, não tenha idéias desnecessárias sobre seu *sadhana* [prática espiritual] e o crescimento espiritual. Aí está o erro. Suas idéias sobre espiritualidade podem se tornar obstáculos no caminho. Você está fazendo o *sadhana* correto, mas sua atitude está errada. Você está esperando que uma luz azul divina apareça na sua frente. O estranho é que você não tem absolutamente qualquer idéia sobre o que é a luz divina, mas ainda assim, acha que é azul. Quem sabe ela já apareceu, mas você estava esperando uma luz azul divina em particular. E se a divindade decidiu aparecer como luz vermelha ou verde? Neste caso, você a perdeu.

Certa vez, um filho disse à Amma que estava esperando que uma luz verde aparecesse durante a meditação. Assim, Amma disse-lhe para ter cuidado enquanto dirigisse, pois ele poderia passar os sinais vermelhos, pensando que fossem verdes. Esses conceitos sobre espiritualidade são realmente perigosos. Filho, vivenciar a paz em todas as circunstâncias é a meta de todas as práticas espirituais. Tudo o mais, seja luz, som ou forma, surgirá e desaparecerá. Mesmo que você tenha algumas visões, elas serão temporárias. A única experiência permanente é a paz completa. Essa paz e a experiência de serenidade da mente são, sem dúvida, os frutos verdadeiros da vida espiritual.

Pergunta: Amma, é errado desejar esse tipo de experiência?

Amma: Amma não diria que é errado. Mesmo assim, não dê muita importância a elas, pois isso realmente pode retardar seu caminho espiritual. Se ocorrerem, não interfira. Essa é a atitude certa.

Nos estágios iniciais da vida espiritual, o aspirante tem muitos conceitos errados e noções equivocadas sobre a espiritualidade, oriundos do excesso de entusiasmo e da pouca consciência. Por exemplo, algumas pessoas desejam muito ter visões de deuses e deusas. Desejar ver cores diferentes é outra ânsia. Belos sons são uma atração para muitas pessoas. Quantas pessoas desperdiçam a vida toda perseguindo *siddhis* [poderesióguicos]! Há também pessoas ávidas por alcançar o *samadhi* [estado de permanência natural no Ser] e *moksha* [liberação] instantâneos. As pessoas escutam também muitas histórias sobre o despertar da *kundalini* [energia espiritual adormecida na base da coluna]. Um verdadeiro aspirante espiritual nunca fica obcecado por essas idéias. Esses conceitos podem retardar muito nosso progresso espiritual. Por isso é importante ter uma compreensão clara e uma abordagem inteligente e saudável sobre a vida espiritual desde o início. Escutar de forma indiscriminada qualquer um que afirme ser mestre ou ler livros sem selecioná-los aumentam a confusão.

A mente de uma alma realizada

Pergunta: O que é a mente de uma alma Auto-realizada?

Amma: É uma mente sem mente.

Pergunta: É uma ausência da mente?

Amma: É expansividade.

Pergunta: Essas almas, contudo, também interagem com o mundo. Como isso é possível sem a mente?

Amma: Naturalmente, elas "usam" a mente para interagir com o mundo. No entanto, há uma grande diferença ente a mente humana comum, cheia de pensamentos variados, e a mente de um *Mahatma*. Os *Mahatmas* usam a mente, e nós somos usados pela mente; eles não são calculistas, mas espontâneos. A espontaneidade é a natureza do coração. Uma pessoa excessivamente identificada com a mente não pode ser espontânea.

Pergunta: A maioria das pessoas que vive no mundo é identificada com a mente. A senhora está dizendo que todas elas têm uma natureza manipuladora?

Amma: Não, há muitas ocasiões em que as pessoas se identificam com o coração e com os sentimentos positivos. Quando as pessoas são bondosas, compassivas e consideram os outros, residem mais em seus corações do que em suas mentes. Mas será que conseguem sempre comportar-se desta forma? Não. Assim, com freqüência, as pessoas se identificam com a mente. É isso o que a Amma quis dizer.

Pergunta: Se a capacidade de permanecer perfeitamente sintonizado com os sentimentos positivos do coração está latente em todos, por que ela não ocorre com mais freqüência?

Amma: Porque, no estado atual das pessoas, a mente é mais poderosa. Para permanecer em sintonia com os sentimentos positivos do coração é preciso fortalecer a conexão com o silêncio do coração espiritual e enfraquecer a conexão com os distúrbios da mente ruidosa.

Pergunta: O que possibilita que uma pessoa seja espontânea e aberta?

Amma: Menos interferência de ego.

Pergunta: O que acontece quando há menos interferência de ego?

Amma: Você é dominado por um intenso anseio vindo de seu profundo interior. Embora tenha preparado o terreno para que isso ocorra, não haverá qualquer movimento ou esforço calculado quando realmente ocorrer. A ação, ou o que seja, torna-se muito bonita e plena. Os outros também vão se sentir muito atraídos por aquilo que você faz nesses momentos. Esses momentos são as expressões de seu coração. Neles, você está mais próximo de seu verdadeiro ser.

Na realidade, esses momentos vêm do além – além da mente e do intelecto. Uma súbita sintonia com o infinito ocorre, e você se conecta com a fonte de energia universal. Os mestres perfeitos sempre habitam neste estado de espontaneidade e também criam essa situação para os outros.

A distância entre a Amma e nós

Pergunta: Amma, qual é a distância entre nós e a senhora?

Amma: Nenhuma e infinita.

Pergunta: Nenhuma e infinita?

Amma: Sim, não há qualquer distância entre vocês e a Amma, mas, ao mesmo tempo, a distância também é infinita.

Pergunta: Isso parece contraditório.

Amma: As limitações da mente fazem com que soe contraditório. Continuará a ser assim até que você alcance o estado de realização final. Nenhuma explicação, independentemente de soar inteligente ou lógica, irá remover essa contradição.

Pergunta: Eu compreendo as limitações da minha mente. Ainda assim, não entendo porque deve ser tão paradoxal e ambíguo. Como pode ser nenhuma e infinita ao mesmo tempo?

Amma: Antes de tudo, filha, você não compreendeu as limitações da sua mente. Compreender realmente a pequenez da mente é entender realmente a grandeza de Deus, do divino. A mente é um grande fardo. Quando a verdadeira compreensão disso surgir, você perceberá a inutilidade de carregar esse enorme fardo chamado mente. Você não poderá mais carregá-la. Essa percepção ajudará a largá-la. Filha, enquanto continuar ignorante sobre a divindade interna, a distância será infinita. No entanto, no momento em que a iluminação surge, a percepção de que nunca houve qualquer distância também ocorre.

Pergunta: É impossível para o intelecto compreender todo o processo.

Amma: Filha, este é um bom sinal. Pelo menos você concorda que não é possível para o intelecto compreender o que é chamado de processo.

Pergunta: Isso significa que não há esse processo?

Amma: Exatamente. Por exemplo, um homem nasceu cego. Ele tem qualquer conhecimento sobre a luz? Não, o pobre homem tem apenas familiaridade com a escuridão, um mundo inteiramente diferente comparado ao daqueles abençoados com a visão.

O médico diz ao homem: "Olhe, sua visão pode ser recuperada se você se submeter a uma cirurgia. Será necessária uma correção." Se o homem optar pela cirurgia, conforme a instrução do médico, a escuridão logo desaparecerá e a luz surgirá, certo? Então, de onde vem essa luz? De algum lugar do lado de fora? Não, o vidente sempre esteve esperando dentro do homem. Da mesma forma, ao corrigir sua visão interior através das práticas espirituais, a luz do puro conhecimento que já aguarda irá surgir em seu interior.

Os caminhos da Amma

Os caminhos da Amma são únicos. As lições chegam inesperadamente e têm sempre um sabor excepcional.

Durante o *darshan* da manhã, um participante do retiro trouxe uma mulher que não estava inscrita. Notei a recém-chegada e informei à Amma, mas ela me ignorou completamente e continuou a dar o *darshan*.

Pensei: "Tudo bem, Amma está ocupada. No entanto, vou ficar de olho na pessoa não inscrita". Assim, embora meu *seva* [trabalho voluntário] principal fosse traduzir as perguntas dos devotos à Amma, nos minutos seguintes escolhi como *seva* extra observar cada movimento daquela pessoa. A moça continuava colada ao devoto que a havia levado e eu os seguia atentamente aonde quer que fossem. Ao mesmo tempo, continuei informando diretamente à Amma sobre os movimentos da dupla. Embora Amma não estivesse me escutando, considerei meu dever fazer isso de qualquer maneira. Assim que ambos chegaram à fila de necessidades especiais, entusiasmado, chamei a atenção da Amma. No entanto, Amma continuou a dar o *darshan* aos devotos. Neste meio tempo, um casal de devotos se colocou ao meu lado. Apontando para a "invasora", um deles disse: "Você está vendo aquela senhora? Ela é estranha. Escutei a conversa dela. Ela é muito negativa. Não acho bom mantê-la dentro do salão." O outro devoto indagou seriamente: "Pergunte à Amma o que devemos fazer com ela – colocá-la para fora?" Após me esforçar muito, consegui chamar a atenção da Amma. Ela finalmente olhou para mim e perguntou: "Onde está ela?"

Nós três ficamos eufóricos. Pensamos, ou pelo menos eu pensei, que a Amma iria proferir aquelas três palavras agradáveis que, impacientes, esperávamos escutar: "Coloquem-na para fora".

Ao escutar a pergunta da Amma, nós três apontamos para o local em que a moça não inscrita estava sentada. Amma olhou para ela. Naquela altura, estávamos aguardando ansiosamente o julgamento final. Amma virou-se para nós e disse: "Chamem-na." Quase caímos um sobre o outro para chamar a moça.

Assim que a moça se aproximou da cadeira de *darshan*, Amma tomou-a nos braços e, com um sorriso afável no rosto, disse: "Venha, minha filha." A estranha espontaneamente caiu nos braços da Amma. Vimos a moça recebendo um dos *darshans* mais bonitos. Amma carinhosamente colocou-a em seu ombro e acariciou suas costas com gentileza. Em seguida, segurando o rosto da moça com as mãos, Amma olhou profundamente em seus olhos. A moça começou a chorar, e a Amma, com compaixão, secou as lágrimas com as mãos. Incapazes de controlar nossas lágrimas, meus dois "colegas" e eu ficamos atrás da cadeira de *darshan* num estado de espírito completamente abrandado.

Assim que a moça saiu, Amma olhou-me e, com um sorriso no rosto, disse: "Você desperdiçou tanta energia esta manhã." Boquiaberto, olhei para a Amma, enquanto ela continuava a derramar bem-aventurança e bênçãos sobre seus filhos. Embora calado, lembrei de uma linda frase da Amma naquele momento: "Amma é como um rio. Ela simplesmente flui. Algumas pessoas banham-se no rio. Outras saciam a sede bebendo a água do rio. Há pessoas que nadam e desfrutam da água. Ainda assim, há pessoas que cospem nele. Aconteça o que acontecer, o rio aceita tudo e flui sem se influenciar, abraçando tudo que chega às suas águas."

Assim, tive um outro incrível momento na presença da Amma, a mestre suprema.

Nenhuma verdade nova

Pergunta: Amma, a senhora acha que a humanidade precisa de uma nova verdade para despertar?

Amma: A humanidade não precisa de uma nova verdade. O que é necessário é ver a verdade que já existe. Há somente uma verdade. Essa verdade sempre brilha dentro de nós. Esta única e exclusiva verdade não pode ser nova nem antiga. É sempre a mesma, imutável, sempre nova. Pedir uma nova verdade é como um estudante do pré-primário que pergunta à professora: "Professora, a senhora nos diz há muito tempo que 2+2 é 4. Isso é tão velho. Por que a senhora não pode dizer algo novo, como 5, ao invés de 4 o tempo todo?" A verdade não pode ser mudada. Sempre existiu e é sempre a mesma. Esse novo milênio verá um grande despertar espiritual, tanto no Ocidente quando no Oriente. Esta é, na verdade, a necessidade desta era. A quantidade crescente de conhecimento científico que a humanidade adquiriu deve nos guiar a Deus.

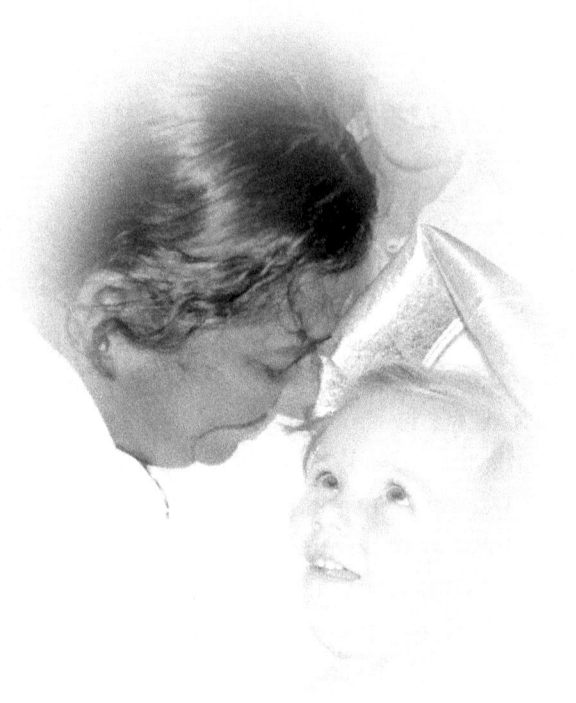

Verdade

P ergunta: Amma, o que é a verdade?

Amma: Verdade é o que é eterno e imutável.

Pergunta: Verdade é veracidade?

Amma: A veracidade é somente uma qualidade, não é a Verdade, que é a realidade suprema.

Pergunta: Essa qualidade não é parte da Verdade, a suprema realidade?

Amma: Sim, da mesma forma como tudo é parte da Verdade, a realidade suprema, a veracidade também é parte dela.

Pergunta: Se tudo é parte da realidade suprema, então não somente as boas qualidades, mas também as más fazem parte dela, não é?

Amma: Sim, mas filha, você ainda está na Terra e não atingiu esses níveis. Imagine que você irá viajar de avião pela primeira vez. Até entrar na aeronave, não tem qualquer idéia sobre como é voar. Olha em volta e vê pessoas; elas estão conversando e gritando. Há edifícios, árvores, carros se movendo, sons de crianças chorando e assim por diante. Após certo tempo, você embarca e o avião decola e, lentamente, voa cada vez mais alto. Neste momento, ao olhar para baixo, você vê tudo se tornando cada vez menor, gradualmente desaparecendo em uma unidade. Finalmente, tudo desaparece e você está cercada pelo grande espaço.

Da mesma forma, filha, você ainda está na Terra e ainda não embarcou no vôo. Você tem que aceitar, incorporar e praticar as boas qualidades e rejeitar as más. Assim que atingir as alturas da realização, então você vivenciará tudo como Um.

Um conselho em uma frase

Pergunta: Amma, a senhora pode me dar um conselho em uma frase, para minha paz de espírito?

Amma: Permanente ou temporária?

Pergunta: Permanente, claro.

Amma: Então, encontre seu Eu superior [o *Atman*].

Pergunta: Isso é difícil demais para entender.

Amma: Está bem, então ame todos.

Pergunta: São duas respostas diferentes?

Amma: Não, somente as palavras são diferentes. Encontrar o próprio Eu superior e amar a todos de forma equânime são basicamente a mesma coisa; são interdependentes. (rindo) Filho, já é mais que uma frase.

Pergunta: Desculpe, Amma. Sou bobo.

Amma: Está tudo bem, não se preocupe. Mas você quer continuar?

Pergunta: Sim, Amma. A paz, o amor e a verdadeira felicidade se desenvolvem com nosso *sadhana* [práticas espirituais]? Ou são somente o resultado final?

Amma: Ambos. No entanto, somente quando redescobrimos nosso Eu superior interno o círculo se completa e a paz perfeita ocorre.

Pergunta: O que a senhora quer dizer com o "círculo"?

Amma: O círculo de nossa existência interior e exterior, o estado de perfeição.

Pergunta: Mas as escrituras dizem que já é completo, que é um círculo. Se já é um círculo, então, qual é a importância de completá-lo?

Amma: Naturalmente, é um círculo perfeito. Mas a maioria das pessoas não percebe isso. Para elas, há uma lacuna a ser preenchida. E é na tentativa de preencher esta lacuna que todos os humanos ficam correndo por aí, em nome das diversas necessidades, demandas e desejos.

Pergunta: Amma, ouvi dizer que, no estado de realização suprema, não há isso de existência interior e exterior.

Amma: Sim, mas isso é somente a experiência daqueles que estão estabelecidos naquele estado.

Pergunta: A compreensão intelectual desse estado poderá ajudar?

Amma: Ajudar no quê?

Pergunta: Ajudar-me a ter um vislumbre desse estado.

Amma: Não, um entendimento intelectual irá somente gratificar o intelecto. E mesmo essa satisfação será somente temporária. Você pode achar que compreendeu, mas logo terá dúvidas e perguntas novamente. Seu entendimento é baseado somente em palavras e explicações limitadas, e elas não podem lhe dar a experiência do ilimitado.

Pergunta: Então, qual é o melhor caminho?

Amma: Trabalhe muito até que a entrega aconteça.

Pergunta: O que a senhora quer dizer com "trabalhe muito"?

Amma: Amma quer dizer fazer *tapas* [austeridades] pacientemente. Somente se você fizer *tapas*, conseguirá permanecer no presente.

Pergunta: Sentar de forma contínua e meditar durante muitas horas é *tapas*?

Amma: Isso é somente uma parte. O verdadeiro *tapas* é executar todas as ações e pensamentos de forma que nos ajudem a nos tornarmos únicos com Deus ou com o Eu superior.

56

Pergunta: O quê é isso exatamente?

Amma: É ter sua vida oferecida à meta da realização de Deus.

Pergunta: Estou um pouco confuso.

Amma: (sorrindo) Não um pouco, você está muito confuso.

Pergunta: A senhora está certa, mas por quê?

Amma: Porque você está pensando demais sobre espiritualidade e sobre o estado além da mente. Pare de pensar e use essa energia para fazer o que pode. Isso lhe dará a experiência – ou pelo menos um vislumbre – dessa realidade.

Necessidade de um horário

Pergunta: Amma, a senhora diz que devemos manter uma disciplina diária, como ter um horário e respeitá-lo ao máximo. No entanto, Amma, sou mãe de um bebê. O que devo fazer se meu filho chorar quando estou começando a meditar?

Amma: É muito simples. Cuide antes do bebê e depois medite. Se escolher meditar sem dar atenção à criança, você irá meditar somente nela e não no Eu superior ou em Deus. Seguir um horário será certamente benéfico nos estágios iniciais. Um verdadeiro *sadhak* [aspirante espiritual] também deve exercitar o controle o tempo todo, durante o dia e à noite.

Algumas pessoas têm o hábito de tomar café assim que levantam. Se um dia não o tomam no horário, sentem-se muito desconfortáveis. Isso pode até estragar o dia todo, causando dor de estômago, constipação e dor de cabeça. De maneira similar, a meditação, oração e a recitação do mantra devem se tornar parte integrante da vida de um *sadhak*. Se por acaso não o fizer, você deve ser capaz de sentir isso profundamente. A partir daí, o desejo de nunca deixar de praticar deverá surgir.

Esforço pessoal

Pergunta: Amma, algumas pessoas dizem que, como nossa natureza real é o *Atman*, não é necessário realizar práticas espirituais. Elas dizem: "Eu sou Aquilo, a consciência absoluta, então qual é a importância de realizar *sadhana* [práticas espirituais], se já sou Aquilo?" A senhora acha que essas pessoas são autênticas?

Amma: Amma não quer dizer se essas pessoas são autênticas ou não. No entanto, Amma sente que essas pessoas fingem ser assim ou são totalmente iludidas ou são preguiçosas. Amma se pergunta se essas pessoas diriam: "Não preciso comer ou beber porque não sou o corpo"?

Imagine que essas pessoas fossem convidadas a uma sala de jantar, com diversos pratos dispostos lindamente sobre a mesa. Entretanto, onde deveria haver uma refeição suntuosa, há um pedaço de papel em cada travessa. Em um, está escrito "arroz"; noutro, "vegetais cozidos", "pudim", e assim por diante. Essas pessoas estarão dispostas a imaginar que comeram até satisfazer sua vontade e que sua fome foi completamente saciada? A árvore está presente em potencial na semente. No entanto, o que acontecerá se a semente egoisticamente pensar: "Não quero me rebaixar nessa terra. Eu sou a árvore. Não preciso ir para debaixo desse solo sujo." Se esta for a atitude da semente, ela simplesmente não brotará, não surgirá da terra e nunca se tornará uma árvore que fornece sombra e frutos para os outros. Nada acontecerá apenas porque a semente acha que é uma árvore – ela continuará a ser uma semente. Assim, seja uma semente, mas tenha a disposição de cair na terra e entrar no solo. Então a terra cuidará da semente.

Graça

Pergunta: Amma, graça é o fator decisivo?

Amma: A graça é o fator que dá as suas ações o resultado certo, no momento certo, na proporção certa.

Pergunta: Mesmo se a pessoa se dedicar completamente ao seu trabalho, o resultado dependerá da quantidade de graça que tem?

Amma: A dedicação é o aspecto mais essencial. Quanto maior for sua dedicação, mais aberto você ficará. Quanto mais aberto for, mais amor vivenciará. Quanto mais amor tiver, mais graça irá experimentar.

A graça é a abertura. É a força espiritual e a visão intuitiva que se pode vivenciar enquanto se está realizando uma ação. Ao ficar aberta para uma situação em particular, a pessoa estará deixando de lado as visões estreitas da mente e do ego. Isso transforma a mente num canal melhor através do qual *shakti* [energia divina] pode fluir. Esse fluxo de *shakti* e sua expressão através de nossas ações é a graça.

O cantor pode ser fantástico, mas, quando se apresenta no palco, deve permitir que a *shakti* da música flua através de si. Isso faz com que a graça esteja ali e o ajuda a arrebatar todo o público.

Pergunta: Onde está a fonte de graça?

Amma: A fonte real de graça está dentro de nós. No entanto, enquanto não nos damos conta disso, ela parece estar em algum lugar do além.

Pergunta: Além?

Amma: Além significa a origem, que é desconhecida para vocês nos seus estados mentais atuais. Quando um cantor canta com o coração, ele está em contato com a divindade, com o estado do além. De onde vem a música que emociona a alma? Você pode dizer que vem da garganta ou do coração, mas quando olhar para dentro, você a verá? Não, ela vem do além. Essa origem é, na verdade, a divindade. Quando a realização suprema acontecer, você encontrará essa fonte dentro de si

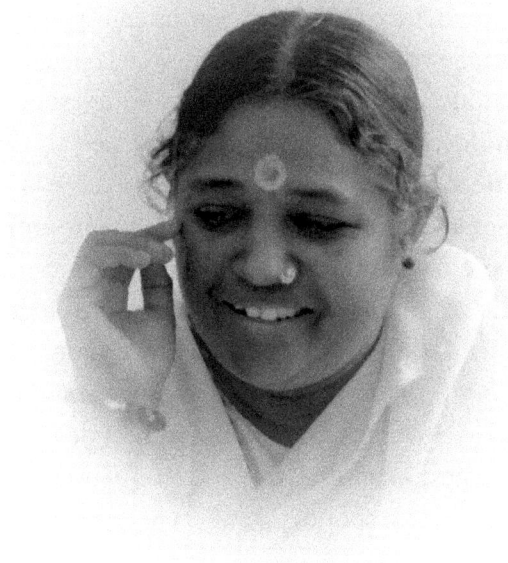

Sannyas: além da classificação

Pergunta: O que significa ser um *sannyasin* verdadeiro?

Amma: Um verdadeiro *sannyasin* é alguém que vai além de todas as limitações criadas pela mente. No presente, estamos hipnotizados pela mente. No estado de *sannyas*, nos tornamos completamente livres do domínio dessa hipnose. Despertamos como de um sonho, como um bêbado saindo de uma intoxicação.

Pergunta: *Sannyas* é também alcançar a divindade?

Amma: Amma prefere colocar desta forma: *sannyas* é um estado no qual a pessoa é capaz de contemplar e adorar toda a criação como Deus.

Pergunta: A humildade é um sinal de um verdadeiro *sannyasin*?

Amma: Os verdadeiros *sannyasins* não podem ser classificados. Eles estão além. Se você disser que esta e aquela pessoa são muito simples e humildes, ainda há o "alguém" que está se sentindo simples e humilde. No estado de *sannyas*, esse "alguém", que é o ego, desaparece. Normalmente, a humildade é o oposto da arrogância; o amor é o oposto do ódio, enquanto um *sannyasin* verdadeiro não é nem humilde nem arrogante – ele não é nem amor nem ódio. Alguém que alcança *sannyas* está além de tudo. Não tem mais nada a ganhar ou a perder. Quando chamamos um genuíno *sannyasin* de "humilde", isso não somente significa ausência de arrogância, mas também ausência de ego.

Alguém perguntou a um *Mahatma*: "Quem é você?"

"Eu não sou", ele respondeu.

"Você é Deus?"

"Não, não sou."

"Você é santo ou sábio?"

"Não, não sou."

"Você é ateu?"

"Não, não sou."

"Então, quem é você?"

"Sou o que sou, sou pura consciência."

Sannyas é o estado de pura consciência.

Um jogo divino em pleno ar

Cena I: O vôo para Dubai da Air India acabou de decolar. A tripulação está preparando o primeiro serviço de refrigerantes. Repentinamente, um a um, todos os passageiros se levantam e se dirigem em procissão para a classe executiva. Sem entender o que está acontecendo, os membros da tripulação, atônitos, pedem que todos voltem aos seus lugares. Ao ver que o pedido é totalmente inútil, eles finalmente imploram a todos que cooperem até que terminem o serviço de refeição.

"Nós queremos receber o *darshan* da Amma!", exclamam os passageiros.

"Nós compreendemos," respondem os tripulantes. "Mas, por favor, cooperem conosco até que terminemos o serviço."

Finalmente, os passageiros atendem aos pedidos dos comissários e voltam aos seus lugares.

Cena II: O serviço de bordo já acabou. Os comissários de bordo temporariamente tornam-se monitores e controlam a fila do *darshan*, que lentamente se move na direção do assento da Amma. Devido ao curto prazo, não foi possível dispor de senhas para o *darshan*. Apesar disso, a tripulação faz um bom trabalho.

Cena III: Após ter recebido o *darshan* da Amma, os passageiros agora parecem muito felizes e tranqüilos. Instalam-se em seus assentos. Agora, toda a tripulação, incluindo o piloto e o co-piloto, começa a se colocar em fila. Naturalmente, estavam esperando sua vez. Cada um deles recebe um abraço maternal. Além do *darshan*, recebem também sussurros de amor e graça da Amma, um sorriso radiante inesquecível e um doce, como *prasad* [presente abençoado] da Amma.

Cena IV: A mesma cena acontece no vôo de volta.

Solidariedade e compaixão

Pergunta: Amma, o que é a verdadeira compaixão?

Amma: A verdadeira compaixão é a capacidade de ver e saber o que está além. Somente aqueles que têm a capacidade de ver além podem oferecer uma ajuda verdadeira e encorajar os outros.

Pergunta: O que está além do quê?

Amma: Além do corpo e da mente, além da aparência exterior.

Pergunta: Então, Amma, qual é a diferença entre solidariedade e compaixão?

Amma: Compaixão é a ajuda verdadeira que você recebe de um mestre verdadeiro. O mestre vê além. Por outro lado, solidariedade é uma ajuda temporária recebida das pessoas a sua volta; a solidariedade não pode ir além da superfície. Compaixão é a compreensão correta, com um conhecimento mais profundo da pessoa, da situação e do que ele ou ela realmente precisa. A solidariedade é mais superficial.

Pergunta: Como se diferencia as duas?

Amma: É difícil. No entanto, Amma lhe dará um exemplo. Não é incomum que os cirurgiões digam aos pacientes para se levantarem e caminharem no segundo ou terceiro dia, mesmo após grandes cirurgias. Se o paciente relutar em fazer isso, um bom médico, que conhece as conseqüências, sempre forçará o paciente a sair da cama e caminhar. Ao ver a dor e o esforço do paciente, seus parentes poderiam comentar: "Que médico cruel! Porque o está obrigando a caminhar quando ele não quer? Isso é demais."

Neste exemplo, a atitude dos parentes pode ser chamada de solidariedade e a atitude do médico de compaixão. Neste exemplo, quem está realmente ajudando o paciente, o médico ou os parentes? Se o paciente pensar: "Esse médico é incompetente. Afinal de contas, quem é ele para dar instruções? O que ele sabe sobre mim? Bem, vou deixar que ele se canse de jogar palavras fora; não vou escutá-lo." Este tipo de atitude nunca ajudará o paciente.

Pergunta: A solidariedade pode causar danos a uma pessoa?

Amma: Se não formos cuidadosos e oferecermos nossa solidariedade sem compreender os aspectos sutis da situação específica e a constituição mental da pessoa, isso pode ser prejudicial. É perigoso quando as pessoas dão muita importância a palavras confortantes.

Isso pode até se tornar uma obsessão, destruindo gradualmente o poder de distinção da pessoa, construindo um pequeno mundo, como um casulo, em torno dela. Talvez se sinta confortável, mas é possível que nunca chegue a fazer qualquer esforço para sair daquela situação. Sem saber, pode se mover cada vez mais para a escuridão.

Pergunta: Amma, o que a senhora quer dizer com "um mundo como um casulo"?

Amma: Amma quer dizer que a pessoa perderá a capacidade de olhar de forma mais profunda dentro de si e ver o que realmente está acontecendo. Dará importância demais às palavras dos outros e confiará nelas cegamente sem usar seu discernimento de forma adequada.

A solidariedade é o amor superficial sem qualquer conhecimento sobre a causa básica do problema, enquanto compaixão é o amor que vê a origem real do problema e lida com ela de forma apropriada.

O verdadeiro amor é o estado de completo destemor

Pergunta: Amma, o que é o verdadeiro amor?

Amma: O verdadeiro amor é o estado de completo destemor. O medo é parte integrante da mente. Assim, o medo e o amor genuíno não podem estar juntos. Com o aumento da profundidade do amor, a intensidade do medo diminui lentamente. O medo só pode existir quando você está identificado com o corpo e a mente. Transcender a fraqueza da mente e viver em amor é agir de forma divina. Quanto mais amor você tem, mais divindade se expressa dentro de você. Quanto menos amor tem, mais medo terá e mais se distanciará do centro da vida. O destemor é, definitivamente, uma das maiores qualidades de um verdadeiro amante.

Correto e incorreto

Pergunta: Amma, cultivar a pureza e outros valores morais é considerado importante na vida espiritual. No entanto, há gurus da Nova Era que negam esta necessidade. Amma, qual é sua opinião sobre isso?

Amma: É uma grande verdade que os valores morais têm um papel significativo na vida espiritual. Cada caminho, seja ele espiritual ou material, tem ações corretas e incorretas exatas a serem seguidas. Se as condições recomendadas não forem seguidas, será difícil alcançar o resultado desejado. Quanto mais sutil for o fruto, mais intenso será o caminho para chegar a ele. A realização espiritual é a mais sutil de todas as experiências. Assim, as regras e normas exigidas por este caminho são rigorosas. Um paciente não pode comer e beber aquilo que quiser. Dependendo da doença, haverá restrições de dieta e de movimento que, se não forem observadas, podem afetar o processo de cura. A condição pode até se agravar se o paciente não respeitar as instruções. Seria sensato se o paciente perguntasse: "Eu realmente tenho que seguir essas regras e normas?" Existem músicos que estudam dezoito horas por dia para alcançar a perfeição em seus instrumentos. Seja qual for sua área de interesse – espiritualidade, ciência, política, esporte ou arte – seu sucesso e ascensão no campo dependem exclusivamente da forma como você o aborda, da quantidade de tempo que dedica sinceramente para alcançar sua meta e de como você segue os princípios essenciais obrigatórios.

Pergunta: Então, pureza é a qualidade básica necessária para alcançar a meta?

Amma: Pode ser a pureza. Pode ser o amor, a compaixão, o perdão, a paciência ou a perseverança. Simplesmente escolha uma qualidade e observe-a com profunda fé e otimismo; as outras qualidades automaticamente despontarão. O propósito é ir além das limitações da mente.

Amma, uma oferenda ao mundo

Pergunta: Amma, o que a senhora espera de seus discípulos?
Amma: Amma não espera coisa alguma de ninguém. Amma se ofereceu ao mundo. Quando você se torna uma oferenda, como pode esperar algo de alguém? Todas as expectativas surgem do ego.

Pergunta: Mas Amma, a senhora fala muito sobre entrega ao Guru. Isso não é uma expectativa?

Amma: É verdade, Amma fala sobre isso, não porque ela espere entrega de seus filhos, mas porque esse é o ponto crucial da vida espiritual. O Guru oferece tudo o que tem ao discípulo. Como um *Satguru* [mestre perfeito] é uma alma com entrega completa, é isso o que sua presença oferece e ensina aos discípulos. Acontece de forma espontânea. Dependendo da maturidade e compreensão do discípulo, ele aceita-a ou rejeita-a. Seja qual for a atitude do discípulo, um *Satguru* continuará a oferecer, pois não pode agir de outra forma.

Pergunta: O que acontece quando um discípulo entrega-se a um *Satguru*?

Amma: Como uma lamparina que é acesa a partir da lamparina principal, o discípulo também se torna uma luz que guia o mundo. O discípulo também se torna um mestre.

Pergunta: O que ajuda mais no processo: a forma do mestre ou seu aspecto sem forma?

Amma: Ambos. A consciência sem forma inspira o discípulo através da forma do *Satguru* como amor puro, compaixão e entrega.

Pergunta: O discípulo está se entregando à forma do mestre ou à consciência sem forma?

Amma: Começa com uma entrega à forma física. No entanto, termina como uma entrega à consciência sem forma, que é quando o discípulo realiza seu próprio Eu superior verdadeiro. Mesmo nos estágios iniciais do *sadhana* [práticas espirituais], quando o discípulo entrega-se à forma do mestre, na realidade ele está se entregando à consciência sem forma, só que não tem consciência disso.

Pergunta: Por quê?

Amma: Porque os discípulos conhecem apenas o corpo; a consciência é completamente desconhecida para eles. Um verdadeiro discípulo continuará a adorar a forma do Guru como uma expressão de gratidão por derramar sua graça e mostrar o caminho.

A forma do Satguru

Pergunta: A senhora pode explicar a natureza da forma física de um *Satguru* [mestre verdadeiro] de uma maneira simples?

Amma: Um *Satguru* é tanto com forma como sem forma, como o chocolate. No momento em que você coloca o chocolate na boca, ele derrete e se torna sem forma; torna-se parte de você. De forma similar, quando você absorve verdadeiramente os ensinamentos do mestre e torna-os parte da sua vida, percebe que o mestre é a consciência suprema sem forma.

Pergunta: Então, devemos nos alimentar da Amma?

Amma: Sim, se alimente da Amma se puder. Ela deseja muito se tornar alimento para sua alma.

Pergunta: Amma, obrigado pelo exemplo do chocolate. Ficou muito fácil compreender, porque amo chocolate.

Amma: (rindo) Mas não se apaixone por ele, porque será ruim para sua saúde.

Discípulos perfeitos

Pergunta: O que alguém ganha em se tornar um discípulo perfeito?

Amma: Torna-se um mestre perfeito.

Pergunta: Como a senhora se descreve?

Amma: Definitivamente não como algo.

Pergunta: Então?

Amma: Como o nada.

Pergunta: Isso tem o mesmo significado que o tudo?

Amma: Isso significa que a Amma está sempre presente e disponível para todos.

Pergunta: "Todos" significa todos aqueles que vêm até a senhora?

Amma: "Todos" significa qualquer um que estiver aberto.

Pergunta: Isso significa que a Amma não está disponível àqueles que não estão abertos?

Amma: A presença física da Amma está disponível para todos, quer aceitem a Amma ou não. Mas a experiência somente está disponível para aqueles que estiverem abertos. A flor está ali, mas somente aqueles que estiverem abertos experimentarão sua beleza e fragrância. Uma pessoa com narinas tampadas não pode senti-la. De maneira similar, corações fechados não podem experimentar o que a Amma está oferecendo.

Vedanta e criação

Pergunta: Amma, há algumas teorias conflitantes sobre a criação. Aqueles que seguem o caminho da devoção dizem que Deus criou o mundo, enquanto os 'vedantistas' [não dualistas] dizem que tudo é uma criação da mente e, dessa maneira, está lá apenas enquanto a mente existir. Qual dessas visões é a verdadeira?

Amma: Ambas as visões estão corretas. Enquanto um devoto vê o Senhor Supremo como o criador do mundo, os 'vedantistas' vêem Brahman como o princípio básico que serve como substrato do mundo em transformação, para o 'vedantista', o mundo é uma projeção da mente, enquanto para o devoto é a *leela* [jogo] do

Senhor amado. Podem parecer duas perspectivas inteiramente diferentes, mas à medida que nos aprofundamos nelas, descobrimos que são basicamente as mesmas. Nome e forma estão associados à mente. Quando a mente para de existir, também desaparecem o nome e a forma. O mundo ou a criação consiste de nomes e formas. Um Deus ou um criador é significativo somente enquanto a criação existir. Mesmo Deus tem um nome e uma forma. Para o mundo de nomes e formas existir, é necessária uma causa correspondente, e é essa causa que chamamos de Deus.

O verdadeiro Vedanta é a forma mais elevada de conhecimento. Amma não está falando sobre Vedanta na forma de textos como escrituras sagradas ou o Vedanta a que se referem os 'vedantistas'. Amma está falando sobre Vedanta como a suprema experiência, uma forma de viver, uma serenidade mental em todas as situações de vida.

No entanto, isso não é fácil. Essa experiência só surgirá se ocorrer uma transformação. É essa mudança revolucionária nos níveis intelectual e emocional que torna a mente sutil, expansiva e poderosa. Quando mais sutil e expansiva se tornar a mente, mais ela se tornará "não-mente". Gradualmente, a mente desaparece. Quando não há mente, onde está Deus ou onde está o mundo ou a criação? Isso não significa que o mundo desaparecerá de sua visão, mas uma transformação ocorrerá, e você contemplará o Um no todo.

Pergunta: Isso significa que, naquele estado, Deus também é uma ilusão?

Amma: Sim, do ponto de vista supremo, Deus com forma é uma ilusão. No entanto, depende da profundidade de sua experiência interior. Não obstante a atitude dos chamados 'vedantistas' que, de maneira egoísta, acham que até as formas de deuses e deusas são insignificantes está incorreta. Lembre-se, o ego nunca ajudará nesse caminho. Somente a humildade o fará.

Pergunta: Eu compreendo esta parte, mas Amma, a senhora também mencionou que, do ponto de vista supremo, Deus com forma é uma ilusão. Então, a senhora está dizendo que as diferentes formas de deuses e deusas são somente uma projeção da mente?

Amma: Em última análise, sim. Tudo o que se extingue não é real. Todas as formas, mesmo de deuses e deusas, têm um início e um fim. O que nasce e morre é mental; é associado ao processo de pensamento. E tudo o que é associado à mente está fadado a mudar, porque existe no tempo. A única verdade imutável é aquela que permanece sempre, o substrato da mente e do intelecto. Isso é o *Atman* [Eu superior], o estado supremo da existência.

Pergunta: Se até as formas dos deuses e deusas são irreais, qual é o objetivo de construir templos e adorá-los?

Amma: Não, você não entendeu o ponto. Você não pode descartar os deuses e deusas dessa forma. Para as pessoas que ainda estão identificadas com a mente e que ainda não alcançaram o estado mais elevado, essas formas certamente são reais e muito necessárias para seu crescimento espiritual. Ajudam-nas muito.

O governo de um país consiste de várias seções e departamentos. Partindo do presidente ou do primeiro-ministro, há um determinado número de ministros e, abaixo deles, há tantos outros funcionários e vários outros departamentos até os atendentes e faxineiros.

Imagine que você deseje conseguir que algo seja feito. Você irá diretamente ao presidente ou ao primeiro-ministro, desde que os conheça ou tenha contato com eles. Isso torna as coisas muito mais fáceis e sem problemas para você. Sua necessidade, seja ela qual for, será imediatamente atendida. Mas a maioria das pessoas não tem esse contato direto ou influência. Para conseguir que as coisas sejam feitas ou acessar as autoridades mais elevadas, as pessoas têm que se ater ao curso normal, contatar um dos funcionários ou departamentos inferiores, algumas vezes até um atendente. Da mesma forma, enquanto estivermos no plano físico da existência e identificados com a mente e seus padrões de pensamento, precisamos aceitar e reconhecer as diferentes formas de divindade, até que estabeleçamos uma conexão direta com a fonte interior de pura energia.

Pergunta: Os 'vedantistas', contudo, normalmente não concordam com essa perspectiva.

Amma: Sobre quais 'vedantistas' você está falando? Um 'vedantista' rato de biblioteca, que repete as escrituras como um papagaio treinado ou um gravador, pode não concordar, mas um verdadeiro 'vedantista' definitivamente o fará. Um estudioso do Vedanta que não aceita o mundo e o caminho da devoção não é verdadeiro. Aceitar o mundo e reconhecer a multiplicidade e, ao mesmo tempo, ver a verdade única nessa multiplicidade, é o Vedanta real. Um estudioso que considera o caminho do amor como inferior não é nem um 'vedantista' nem um verdadeiro aspirante espiritual. Os verdadeiros 'vedantistas' não podem fazer as práticas espirituais sem amor.

A forma o levará ao sem forma, desde que você faça suas práticas espirituais com a atitude correta. *Saguna* [forma] é a *nirguna* [sem forma] manifestada. Se a pessoa não entende esse princípio simples, qual é o propósito de se intitular 'vedantista'?

Pergunta: Amma, a senhora disse que um devoto vê o mundo como a *leela* de Deus. O que significa *leela*?

Amma: É uma definição de uma só palavra para o supremo desapego. O estado supremo de *sakshi* [testemunho] sem exercitar qualquer forma de autoridade é conhecido como *leela*. Quando permanecemos completamente destacados da mente e de suas diversas projeções, como podemos sentir qualquer apego ou qualquer autoridade? Observar tudo o que acontece dentro e fora sem se envolver é um prazer real, um lindo jogo.

Pergunta: Escutamos dizer que a razão pela qual Amma parou de manifestar *Krishna Bhava*[1] foi porque a senhora estava nesse estado de *leela* naquela época?

Amma: Essa foi uma das razões. Krishna era desapegado. Ele participava ativamente em tudo, mas permanecia totalmente desapegado, distanciando-se interiormente de tudo o que ocorria em torno dele. Esse é o significado do sorriso agradável que Krishna sempre teve em sua linda feição.

Durante o *Krishna Bhava*, embora a Amma escutasse os problemas dos devotos, ela sempre tinha uma atitude mais brincalhona e desapegada com eles. Naquele estado, não havia amor nem ausência de amor, nem compaixão nem ausência de compaixão. A afeição maternal e a conexão necessárias para considerar os sentimentos dos devotos e expressar o profundo interesse não eram expressas. Era um estado mais além. Amma achou que isso não ajudaria muito os devotos. Assim, ela decidiu amar e servir seus filhos como uma mãe.

---

[1] No início, Amma manifestava tanto *Krishna* como *Devi Bhava*, mas parou de manifestar *Krishna Bhava* em 1983.

"Você está feliz?"

Pergunta: Amma, ouvi a senhora perguntar às pessoas que recebem o *darshan*: "Feliz?" Por que pergunta isso?

Amma: É como um convite para que sejam felizes. Se você estiver feliz, estará aberto e então o amor de Deus ou *shakti* [energia divina] pode fluir para você. Assim, Amma está, na verdade, dizendo à pessoa para ser feliz para que a *shakti* de Deus possa penetrar nela. Quando você está feliz, quando está aberto e receptivo, há cada vez mais felicidade disponível para você. Quando está infeliz, está fechado e perde tudo. Alguém que é aberto é feliz. Isso atrairá Deus a você. E quando Deus está em seu santuário interior, você só pode ser feliz.

Um grande exemplo

Chuviscava no dia em que chegamos a Santa Fé. "Isso sempre acontece aqui. Após uma longa seca, chove quando a Amma chega", disse o anfitrião do Centro da Amma de Novo México. Estava escuro quando chegamos à casa dele. Amma demorou um pouco para sair do carro. Assim que saiu, o anfitrião ofereceu-lhe suas sandálias e dirigiu-se para a frente do carro, esperando conduzir Amma até a casa.

Amma deu alguns passos em direção à frente do carro; em seguida, repentinamente, virou-se, dizendo: "Não, Amma não gosta de atravessar na frente do carro. Essa é a face do carro. É desrespeitoso fazer isso. Amma não sente vontade de fazer isso." Dizendo isso, deu a volta pela parte de trás do carro e dirigiu-se para a casa. Essa não foi a única vez em que Amma comportou-se dessa forma.

Ela faz isso sempre que sai de um carro. Não há maior exemplo de como o coração da Amma se expressa com tudo, mesmo com objetos sem vida.

Relacionamentos

Enquanto estava recebendo darshan, um homem virou-se para mim e disse: "Por favor, pergunte à Amma se eu posso parar de namorar e de ter casos amorosos?"

Amma: (sorrindo de forma travessa) O que aconteceu, sua namorada fugiu com outro?

Pergunta: (parecendo bastante surpreso) Como a senhora sabe?

Amma: Simples, essa é uma das ocasiões na vida em que alguém terá esse tipo de pensamento.

Pergunta: Amma, tenho ciúmes da constante amizade da minha namorada com seu namorado anterior.

Amma: Essa é a razão pela qual você quer parar de namorar e de ter relacionamentos amorosos?

Pergunta: Estou cansado e frustrado com ocorrências similares na minha vida. Basta. Agora quero ter paz e me concentrar nas práticas espirituais.

Amma não perguntou nada mais e continuou a dar darshan. Após algum tempo, o homem indagou-me: "Gostaria de saber se a Amma tem qualquer conselho para mim?"
Amma ouviu-o falando comigo.

Amma: Filho, Amma achou que você já tinha decidido o que fazer. Você não disse que está cansado desse tipo de coisas? Daqui por diante, você quer levar uma vida pacífica, concentrando-se nas práticas espirituais, não é? Isso parece ser a solução certa. Então, vá em frente e faça isso.

O homem ficou em silêncio por algum tempo, mas parecia incomodado. Naquele momento, Amma olhou-o. Pelo olhar e sorriso, eu podia ver o grande mestre na Amma girando sua vareta mágica nas mãos, pronta para tocar em algo e trazê-lo para a superfície.

Pergunta: Isso significa que a Amma não tem qualquer coisa a me dizer, não é?

Repentinamente, o pobre homem começou a chorar.

Amma: (secando as lágrimas dele) Vamos lá, meu filho, qual é o seu problema real? Abra-se e conte para a Amma.

Pergunta: Amma, há um ano eu a conheci, durante um dos programas da Amma. Quando nos olhamos nos olhos, soubemos que estávamos destinados a ficar juntos. Foi assim que começou. E agora, de repente, esse rapaz, o ex-namorado dela, está entre nós. Ela diz que ele é somente um amigo, mas há situações em que eu duvido muito das palavras dela.

Amma: O que faz com que você se sinta assim, se ela lhe diz o contrário?

Pergunta: A situação é assim: Agora, eu e o ex-namorado dela estamos aqui participando do programa da Amma. Ela passa mais tempo com ele do que comigo. Sinto-me muito perturbado. Não sei o que fazer. Estou deprimido, e está sendo difícil permanecer concentrado na Amma, que é o meu objetivo de estar aqui. Minhas meditações não têm a mesma intensidade, e nem consigo mais dormir bem.

Amma: (brincando) Sabe de uma coisa? Ele pode estar elogiando sua namorada, dizendo: "Olhe querida, você é a mulher mais bonita do mundo e eu nem consigo pensar em outra mulher depois de ter te encontrado." Ele pode estar expressando mais amor por ela, deixando que ela fale muito, mantendo-se calado, mesmo durante os momentos em que ele se sente provocado. Acima de tudo, ele deve estar comprando muito chocolate para ela! Ao contrário dele, a impressão que ela tem de você pode ser a de que seja um brigão, alguém que sempre procura defeitos nela, discute com ela, e assim por diante.

Ao ouvir essas palavras, o homem e os devotos sentados em torno da Amma deram uma risada vigorosa. No entanto, ele foi honesto em confessar à Amma que ele era, mais ou menos, como a Amma havia descrito.

Amma: (batendo gentilmente nas costas do homem) Você sente muita raiva e ódio em relação a ela?

Pergunta: Sim, sinto. Sinto mais raiva dele. Minha mente fica tão agitada!

Amma sentiu a palma da mão dele; estava muito quente.

Amma: Onde ela está agora?

Pergunta: Em algum lugar aqui por perto.

Amma: (em inglês) Vá conversar.

Pergunta: Agora?

Amma: (em inglês) Sim, agora.

Pergunta: Eu não sei onde ela está.

Amma: (em inglês) Vá procurar.

Pergunta: Sim, irei. Tenho que achá-lo primeiro, porque é onde ela estará. De qualquer forma, Amma, diga-me agora: devo continuar ou terminar o relacionamento? A senhora acha que meu relacionamento pode ser recuperado?

Amma: Filho, Amma sabe que você ainda está apegado a ela. A coisa mais importante é se convencer de que esse sentimento que você chama de amor não é amor, mas apego. Somente essa convicção o ajudará a sair desta condição mental agitada em que você está agora. Você pode ter sucesso ou falhar em recuperar o relacionamento, mas se não puder distinguir claramente entre apego e amor, continuará a sofrer.

Amma vai lhe contar uma história. Uma vez, um alto funcionário visitou um hospício. O médico levou-lhe para fazer uma visita. Em uma das celas, viu um paciente que repetia: "Pumpum ... Pumpum... Pumpum....", balançando-se numa cadeira.

O funcionário perguntou o motivo da doença do homem, e questionou o médico se havia qualquer ligação entre o nome repetido e a doença.

O médico respondeu: "É uma triste história, senhor. Pumpum era a garota que ele amava. Ela o deixou e fugiu com uma outra pessoa. Após isso, ele ficou louco."

"Pobre homem", respondeu o funcionário e continuou a visita. No entanto, ficou surpreso em ver um outro paciente sentado na cela seguinte repetindo: "Pumpum... Pumpum... Pumpum...", enquanto batia a cabeça contra a parede. Voltando-se ao médico, o funcionário intrigado perguntou: "O que é isso? Como é possível que esse paciente também esteja repetindo o mesmo nome? Há qualquer ligação?" "Sim senhor", respondeu o médico. "Este é o homem que finalmente casou-se com Pumpum."

O rapaz caiu na gargalhada.

Amma: Veja filho, o amor é como o desabrochar de uma flor. Você não pode forçá-la a se abrir. Se forçar a flor a se abrir, toda sua beleza e fragrância serão destruídas, e nem você nem qualquer outra pessoa irá se beneficiar. Por outro lado, se você permitir que a flor se abra por si mesma naturalmente, então poderá experimentar a doce fragrância e as pétalas coloridas. Assim, seja paciente, observe-se. Seja um espelho e tente ver o que você faz de errado e como.

Pergunta: Eu acho que meu ciúme e raiva terminarão somente se eu me casar com Deus.

Amma: Sim, você está certo. Seja um esposo de Deus. Somente a união com a verdade espiritual lhe possibilitará transcender e encontrar a paz e a alegria verdadeiras.

Pergunta: A senhora me ajudará nesse processo?

Amma: A ajuda da Amma está sempre presente. Você apenas tem que ver a ajuda e tomá-la para si.

Pergunta: Muito obrigado, Amma. A senhora já me ajudou.

O que faz um mestre verdadeiro?

Pergunta: Amma, o que um *Satguru* [mestre verdadeiro] faz para um discípulo?

Amma: Um *Satguru* ajuda o discípulo a ver sua fraqueza.

Pergunta: Como isso ajuda o discípulo?

Amma: Ver realmente significa perceber e aceitar. Quando o discípulo aceita sua fraqueza, é mais fácil superá-la.

Pergunta: Amma, quando a senhora diz "fraqueza" está se referindo ao ego?

Amma: A raiva é uma fraqueza, o ciúme é uma fraqueza, o ódio, o egoísmo e o medo, todos eles são fraquezas. Sim, a causa básica de todas essas fraquezas é o ego. A mente com todas as suas limitações e fraquezas é conhecida como ego.

Pergunta: Então, basicamente, a senhora está dizendo que a tarefa de um *Satguru* é trabalhar o ego do discípulo.

Amma: A tarefa de um *Satguru* é ajudar o discípulo a perceber a insignificância desse fenômeno trivial conhecido como ego. O ego é como uma chama queimando no óleo de uma pequena lamparina de barro.

Pergunta: Por que é importante conhecer a insignificância do ego?

Amma: Porque não há nada novo ou digno de nota sobre o ego. Quando o esplendor do Sol está disponível, porque alguém se preocuparia com essa pequena chama que pode ser apagada a qualquer momento?

Pergunta: Amma, a senhora se importaria em discorrer um pouco mais sobre esse ponto?

Amma: Você é o todo, é a divindade. Comparado a isso, o ego não é nada mais do que uma pequena chama. Assim, de um lado, o *Satguru* remove o ego. No entanto, do outro lado, ele lhe concede o Todo em você. O *Satguru* lhe eleva do estado de mendigo ao de imperador, o Imperador do Universo. De um mero recebedor, o *Satguru* o torna o doador, o doador de tudo àqueles que se aproximam de você.

As ações de um Mahatma

Pergunta: É verdade que tudo o que um *Mahatma* faz tem um significado?

Amma: É melhor dizer que tudo o que uma alma Auto-realizada faz contém uma mensagem divina, uma mensagem que conduz aos princípios mais profundos da vida. Mesmo as coisas aparentemente sem sentido contêm esse tipo de mensagem.

Havia um *Mahatma* cujo trabalho era levar grandes rochedos até o topo de uma montanha. Esse foi o único trabalho que fez até morrer. Ele nunca se entediou ou fez qualquer reclamação.

As pessoas achavam que ele era louco, mas não era. Algumas vezes, levava várias horas ou até dias para subir com uma única pedra por todo o caminho até o topo da montanha. Quando ele finalmente conseguia levá-la até o topo, deixava-a cair montanha abaixo. Olhando a pedra caindo do topo até o pé da montanha, o *Mahatma* aplaudia e caía na gargalhada como uma criança.

A ascensão em qualquer campo de ação exige muita coragem e energia, mas basta apenas um momento para destruir tudo o que conseguimos por meio do trabalho duro. Essa é uma verdade até mesmo sobre as virtudes. Essa grande alma não tinha qualquer apego ao esforço sincero que fazia para levar a pedra até o topo. Por isso ele podia rir como uma criança, a risada do supremo desapego. Provavelmente essas são as lições que ele desejava ensinar a todos.

As pessoas talvez interpretem e julguem as ações de um *Mahatma*. Isso acontece apenas porque têm mentes desprovidas da sutileza necessária para penetrar além da superfície. As pessoas têm expectativas, mas um verdadeiro *Mahatma* não pode satisfazer as expectativas de ninguém.

Os abraços da Amma despertam

Pergunta: Se alguém viesse lhe dizer que também poderia fazer a mesma coisa que a senhora está fazendo, isto é, abraçar as pessoas, qual seria sua resposta?

Amma: Isso seria maravilhoso. O mundo precisa cada vez mais de corações compassivos. A Amma ficaria feliz se outra pessoa considerasse servir a humanidade abraçando as pessoas com amor e compaixão verdadeiros, como um *dharma* [dever], pois a Amma não pode fisicamente abraçar a raça humana inteira. No entanto, uma verdadeira mãe nunca reclamaria nenhum mérito pelo sacrifício que faz por seus filhos.

Pergunta: Amma, o que acontece quando a senhora abraça as pessoas?

Amma: Quando a Amma abraça as pessoas, não ocorre somente o contato físico. O amor que a Amma sente por toda a criação flui para cada um que chega até ela. A pura vibração de amor purifica as pessoas e isso as ajuda em seu despertar interior e crescimento espiritual.

Os homens e mulheres do mundo de hoje precisam despertar para as qualidades maternais. Os abraços da Amma são para ajudar as pessoas a tomarem consciência dessa necessidade universal. O amor é o único idioma que todos os seres vivos podem entender. É universal. Amor, paz, meditação e *moksha* [liberação] são todos universais.

Como transformar o mundo em Deus

Pergunta: Como chefe de família, tenho muitas responsabilidades e obrigações. Qual deve ser minha atitude?

Amma: Seja você um homem de família ou um monge, a coisa mais importante é como você olha e encara a vida e as experiências que ela lhe dá. Se sua atitude é positiva e de aceitação, você vive com Deus, mesmo estando no mundo. Então, o mundo torna-se Deus e você experimenta a presença de Deus em cada momento. Uma atitude negativa, contudo, lhe trará apenas o resultado oposto – então, você escolhe viver com o diabo. Conhecer a própria mente e suas tendências inferiores e tentar constantemente transcendê-la deve ser o foco de um *sadhak* [aspirante espiritual] sincero.

Certa vez, perguntaram a um *Mahatma*: "Sagrado ser, o senhor tem certeza de que irá para o paraíso quando morrer?"

O *Mahatma* respondeu: "Sim, naturalmente."

"Mas como sabe? Não está morto, e nem mesmo sabe o que se passa na mente de Deus."

"Olhe aqui, é verdade que não tenho qualquer idéia do que se passa na mente de Deus, mas conheço a minha mente. Estou sempre feliz, esteja onde estiver. Assim, mesmo que eu esteja no inferno, estarei feliz e em paz," replicou o *Mahatma*.

Essa felicidade e paz, verdadeiramente, são o paraíso. Tudo depende de sua mente.

O poder das palavras da Amma

Tive essa experiência não uma única vez, mas centenas de vezes.

Imagine que alguém me faça uma pergunta ou me apresente um problema sério. Procuro responder à pergunta e enfrentar o problema de uma maneira muito descritiva e lógica.

Expressando agradecimento e consideração sinceros, as pessoas se vão, parecendo felizes com minha solução, enquanto eu as observo com um pequeno ar de orgulho. No entanto, logo vejo a mesma pessoa dirigindo-se a um outro *swami* [monge] e fazendo a mesma pergunta, uma indicação clara de que não ficou satisfeita com meu conselho. A pessoa continua a sofrer.

No final, as pessoas chegam à Amma. Ela responde à pergunta de uma maneira similar. Quer dizer, as palavras são as mesmas, algumas vezes até os exemplos. Mas uma mudança súbita ocorre na pessoa. A sombra da dúvida, o medo e a dor são completamente retirados, e o rosto da pessoa se ilumina. Realmente faz uma grande diferença. Eu sempre penso: "O que faz a diferença? Amma não disse nada de novo, mas o impacto é enorme."

Tome, por exemplo, o seguinte incidente: Enquanto a Amma estava servindo o almoço durante um retiro, uma médica indiana que vivia nos Estados Unidos há 25 anos aproximou-se de mim e disse: "Este é meu primeiro encontro com a Amma. Gostaria de conversar com o senhor ou com algum outro *swami* [monge]." Então, a senhora me contou uma história muito comovente. Alguns anos antes, o marido dela fez uma peregrinação ao Monte Kailash, nos Himalaias. Lá, sofreu um enfarte e morreu instantaneamente. A senhora não conseguia deixar de sentir dor e sofrimento. Ela disse: "Eu me sinto zangada com Deus. Deus é cruel." Escutei a história com toda a solidariedade possível.

Conversei com ela e tentei convencê-la dos aspectos espirituais da morte e compartilhei com ela vários exemplos da Amma.

Quando terminei minha orientação, disse-lhe que, de fato, o marido dela tinha tido muita sorte em dar o suspiro final na morada sagrada de Shiva. "Ele teve uma morte magnífica", recordei à senhora.

Finalmente, quando ela partiu, disse: "Muito obrigada. No entanto, ainda sinto muita dor."

Na manhã seguinte, a senhora chegou para o *darshan*. Antes que eu pudesse contar sua história à Amma, ela olhou profundamente nos olhos da senhora e lhe perguntou em inglês: "Triste?"

97

Amma obviamente sentiu a profunda tristeza da senhora. Enquanto eu relatava a história, Amma abraçava-a de forma muito calorosa. Após algum tempo, Amma ergueu gentilmente o rosto da mulher e, mais uma vez, olhou profundamente em seus olhos. "A morte não é o final; não é a completa destruição. É o começo de uma nova vida", disse à mulher. "Seu marido teve sorte. Amma o vê feliz e em paz. Portanto, não se aflija." A senhora parou repentinamente de chorar, e havia muita paz em seu rosto.

Naquela noite, vi a senhora novamente, e ela parecia muito aliviada. Disse-me: "Agora estou muito em paz. Amma realmente me abençoou. Eu não sei como ela pôde retirar toda a minha tristeza de forma tão repentina."

Mais tarde, ainda me lembrando disso, fiz a seguinte pergunta à Amma: "Como é possível que suas palavras criem uma transformação tão grande? Por que não acontece o mesmo quando nós falamos?"

"Porque você está casado com o mundo e divorciado do divino."

"Amma, a mente busca mais explicações. Então, a senhora poderia fazer a gentileza de falar um pouco mais?"

"Ser casado com o mundo significa 'identificado com a mente', o que resulta em apego ao mundo diversificado e aos seus objetos. Isso o mantém separado ou divorciado de sua natureza divina interior."

"É como um estado de hipnose. Quando nos desfazemos da hipnose da mente, ocorre um divórcio interno. Nesse estado, você ainda pode atuar no mundo, mas seu casamento interno ou união com o divino o ajuda a ver a natureza mutante e falsa do mundo. Assim, você permanece intocado ou desapegado. Você não está mais hipnotizado pelo mundo e seus objetos. Esse é verdadeiramente o estado supremo de Auto-realização. É perceber que essa união ou casamento com o mundo não contém qualquer verdade. A verdade está em se unir ao divino e permanecer eternamente casado com ele. As *gopis* [esposas dos vaqueiros] de Vrindavan se consideravam noivas do Senhor Krishna. Internamente, eram casadas com ele, o divino, e permaneciam divorciadas do mundo."

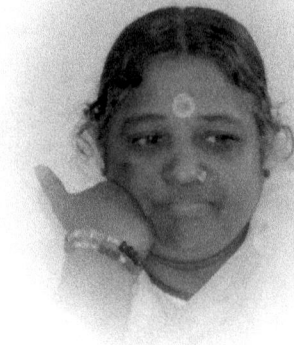

Cientistas e santos

um devoto que fez uma pergunta sobre os descrentes:

Amma: Nós não acreditamos nos cientistas quando eles falam sobre a Lua e Marte? Ainda assim, quantos de nós podem realmente confirmar que aquilo que dizem é verdade? Mesmo assim, confiamos nas palavras dos cientistas e astrônomos, não é? Da mesma forma, os santos e sábios do passado realizaram anos de experimentos em seus laboratórios interiores e perceberam a verdade suprema, que é o substrato do Universo. Da mesma forma que confiamos nas palavras dos cientistas que falam sobre fatos desconhecidos para nós, não deveríamos ter fé nas palavras dos grandes mestres que falam sobre a verdade, na qual estão estabelecidos?

Como ir além dos pensamentos?

Pergunta: Amma, parece que não há fim para esses pensamentos. Quanto mais meditamos, mais pensamentos surgem. Por que isso? Como eliminamos esses pensamentos e os sobrepujamos?

Amma: Os pensamentos que constituem a mente são inertes. Na realidade, eles derivam seu poder do *Atman*. Nossos pensamentos são nossa própria criação. Nós os tornamos reais cooperando com eles. Se retirarmos nosso apoio, eles se dissolverão. Observe atentamente os pensamentos, sem rotulá-los, e você verá que gradualmente desaparecerão.

A mente vem acumulando pensamentos e desejos há muito tempo, através dos diferentes corpos nos quais nascemos. Todas

101

essas emoções estão enterradas profundamente em nosso interior. O que você vê ou experimenta na superfície da mente é somente uma pequena parcela das camadas ocultas adormecidas internamente. Quando se tenta aquietar a mente através da meditação, esses pensamentos lentamente vêm à superfície. É como procurar limpar um piso que ficou sem ser lavado por um longo tempo. Quando começamos o processo de limpeza, quanto mais lavamos, mais sujeira aflora, porque o chão vinha acumulando sujeira há anos. De maneira similar, no caso da mente, nunca antes demos atenção aos diversos pensamentos que passam por ela, só temos consciência dos que são superficiais. Porém, abaixo da superfície, há incontáveis camadas de pensamentos e emoções. Assim como mais sujeira vem à tona no processo de limpeza do piso, mais pensamentos tornam-se evidentes à medida que a meditação se aprofunda. Continue limpando, e eles desaparecerão.

De fato, é bom que eles se mostrem, porque após vê-los e reconhecê-los, é mais fácil sua remoção. Não perca a paciência. Seja persistente e mantenha seu *sadhana* [prática espiritual]. No tempo certo, você obterá a força para superá-los.

Violência, guerra e a solução

Pergunta: O que as pessoas podem fazer para dar um fim à guerra e ao sofrimento?

Amma: Ser mais compassivas e ter mais compreensão.

Pergunta: Essa pode não ser uma solução imediata.

Amma: Uma solução imediata de resposta rápida é quase impossível. A implementação de um programa com prazos também pode não funcionar.

Pergunta: Mas isso não é o que os defensores da paz do mundo desejam. Querem uma solução de resposta rápida.

Amma: Isso é bom. Deixe que o desejo de encontrar uma solução de resposta rápida continue aumentando até que se torne um desejo intenso. Somente desse anseio profundo uma solução de resposta rápida se desenvolverá.

Pergunta: Muitas pessoas voltadas para a espiritualidade são de opinião que a violência ou a guerra externa é somente uma manifestação da violência interna. O que a senhora acha disso?

Amma: É verdade. Porém, uma coisa deve ser compreendida: assim como a violência é parte da mente humana, a paz e a felicidade também são partes dela. E se as pessoas realmente quiserem, poderão encontrar a paz, tanto interna como externa. Por que as pessoas se concentram mais no aspecto agressivo e destrutivo da mente? Por que ignoram completamente a compaixão infinita e os níveis criativos que a mesma mente pode alcançar?

No final, todas as guerras não são nada além da ânsia da mente em expressar sua violência interior. A mente tem um aspecto primitivo, subdesenvolvido ou sub-evoluído. A guerra é o resultado dessa parte primitiva da mente. A natureza belicosa da mente é simplesmente um exemplo que prova que ainda não abandonamos nossa mente primitiva. Exceto se essa parte for ultrapassada, a guerra e o conflito continuarão na sociedade. A via adequada e saudável para abordar o problema da guerra e da violência é buscar o caminho correto de ultrapassar esse aspecto da mente e colocá-lo em prática.

Pergunta: Esse caminho é a espiritualidade?

Amma: Sim, o caminho é a espiritualidade – transformar nosso processo mental e superar a fraqueza e as limitações da mente.

Pergunta: A senhora acha que as pessoas de todos os credos aceitarão isso?

Amma: Aceitem ou não, é a verdade. Somente quando os líderes religiosos tomarem a iniciativa de propagar os princípios espirituais de suas religiões, a situação atual mudará.

Pergunta: Amma, a senhora considera que o princípio básico de todas as religiões é a espiritualidade?

Amma: Não é uma opinião, é a firme convicção da Amma. É a verdade. A religião e seus princípios essenciais não foram compreendidos da forma adequada. De fato, até foram mal interpretados. Há dois aspectos para cada religião do mundo: o aspecto interno e o externo. O externo é a filosofia ou a parte intelectual, e o aspecto interno é a parte espiritual. Aqueles que se apegam demais ao lado externo da religião vão se desapontar. As religiões são indicadores, apontam para uma meta, e a meta é a realização espiritual. Para alcançar essa meta, é preciso ir além do indicador, isto é, das palavras.

Por exemplo, você precisa atravessar um rio e usar uma barca. No entanto, quando chega à outra margem, você precisa sair da barca e continuar. Por outro lado, se você disser de forma determinada: "Eu gosto tanto desse barco. Não quero sair. Ficarei aqui", você não chegará à outra margem. A religião é o barco. Use-o para atravessar o oceano do engano e dos conceitos errôneos sobre a vida. Sem compreender e praticar isso, a verdadeira paz não despontará, nem interiormente nem exteriormente.

A religião é como uma cerca que protege um arbusto dos animais. Quando o broto se torna uma árvore, não tem mais necessidade da cerca. Assim, podemos dizer que a religião é como a cerca, e que a realização é como a árvore.

Alguém aponta um dedo para um fruto de uma árvore. Você olha para a ponta do dedo e depois mais além. Se não olhar além da ponta do dedo, não obterá o fruto. No mundo moderno, as pessoas de todas as religiões não estão obtendo o fruto; tornaram – se apegadas demais e até obcecadas com as pontas dos dedos – as palavras e os aspectos externos das religiões.

Pergunta: A senhora acha que não há consciência suficiente sobre isso na sociedade?

Amma: Há muito trabalho acontecendo para criar essa consciência, mas a intensidade da escuridão é tal que precisamos despertar e trabalhar mais. Naturalmente, há pessoas e organizações envolvidas na criação dessa consciência. Mas a meta não será atingida somente organizando conferências e palestras sobre a paz. A verdadeira consciência surgirá apenas através de uma vida meditativa. É algo que deve acontecer interiormente. Todas as organizações e pessoas envolvidas ativamente na criação de um mundo de paz sem guerras deveriam enfatizar esse ponto. A paz não é um produto de exercício intelectual. É um sentimento, ou mais ainda, um desabrochar que ocorre interiormente como resultado do direcionamento de nossa energia através dos canais apropriados. Isso é o que a meditação faz.

Pergunta: Como a senhora descreveria o atual estado de coisas no mundo?

Amma: No início, o feto humano tem o formato de um peixe no útero da mãe. Depois, no final, quase parece um macaco. Embora nos consideremos pessoas civilizadas que deram grandes saltos no campo científico, muitas de nossas ações indicam que por dentro ainda estamos naquele último estágio do útero.

De fato, a Amma diria que a mente humana está muito mais avançada do que a de um macaco. Um macaco pode pular apenas de um galho a outro, de uma árvore a outra, mas a mente simiesca humana pode dar saltos muito maiores. Pode saltar daqui para ali, para a lua ou para os picos do Himalaia; do presente ao passado e ao futuro.

Somente uma mudança interna baseada numa perspectiva espiritual trará paz e colocará um fim ao sofrimento. A maioria das pessoas é inflexível em suas atitudes. O lema delas é: "Eu mudarei somente se você mudar". Isso não ajuda ninguém. Se você mudar primeiro, a outra pessoa também mudará.

Cristo e cristianismo

Pergunta: Sou cristã por nascimento; amo Jesus Cristo, mas também amo a Amma. Você é a minha Guru. No entanto, meu dilema é que meus dois filhos, que são seguidores ardentes da Igreja e de Jesus, não acreditam em mais nada. Eles ficam me dizendo: "Mamãe, estamos tristes porque não a encontraremos no paraíso, pois você irá para o inferno porque não segue Cristo". Tento conversar com eles, mas não me escutam. Amma, o que devo fazer?

Amma: Amma compreende perfeitamente a fé deles em Cristo. De fato, Amma aprecia sinceramente e tem muito respeito pelas pessoas que têm uma profunda fé em suas religiões e em seu Deus pessoal. Porém, é completamente errado e ilógico dizer que todos os outros que não acreditam em Cristo irão para o inferno. Quando Cristo disse: "Ame ao próximo como a si mesmo", ele não quis dizer: "Ame apenas os cristãos", não é? Dizer "Todos os outros, exceto os cristãos irão para o inferno" é não considerar os outros em razão de uma total falta de amor. Isso é uma mentira. Mentir é contra Deus. A divindade ou santidade está em ser verdadeiro, porque Deus é a Verdade. Deus está na consideração e amor aos outros.

Uma afirmação como essa: "Todos vocês irão para o inferno porque não são cristãos", mostra um desrespeito total e uma falta de bondade com o resto da humanidade. Não é uma atitude presunçosa e cruel afirmar que todos os grandes santos, sábios e bilhões de pessoas que viveram antes de Cristo foram para o inferno?

Essas pessoas estão alegando que a experiência de Deus ocorre há apenas dois mil anos, ou elas querem dizer que Deus tem apenas dois mil anos de idade? Isso é contra a verdadeira natureza de Deus, que tudo permeia e que está além do espaço e do tempo. Jesus foi Deus manifestado em forma humana. Amma não tem absolutamente qualquer problema em aceitar isso. Porém, isso não significa que todas as grandes encarnações antes e depois dele não são Avatares [Deus encarnado em forma humana] ou que são incapazes de salvar aqueles que têm fé neles.

Cristo não disse: "O reino do céu está dentro de nós"? Esta é uma afirmação simples e direta. O que significa? Significa que Deus habita dentro de cada um. Se o paraíso está dentro de nós, também o inferno está. É a mente. A mente é uma ferramenta muito eficaz. Podemos usá-la para criar o inferno e o paraíso.

Todos os *Mahatmas*, incluindo Cristo, dão muita importância ao amor e à compaixão. Na realidade, o amor e a compaixão são os princípios fundamentais de todas as religiões genuínas. Essas qualidades divinas servem como o substrato de todos os credos. Sem aceitar a pura consciência como o princípio essencial que é a base de tudo, não se pode amar e ser compassivo com os outros. Dizer: "Eu te amo, mas somente se você for cristão" é como dizer: "Somente os cristãos têm consciência; todos os outros são objetos inertes". Negar a consciência é negar o amor e a verdade.

Filha, no que se refere a sua atitude sobre essa situação, Amma não acha que será fácil mudar a forma como seus filhos se sentem, e isso não será necessário. Deixe-os com a fé deles. Siga seu coração e continue silenciosamente a fazer aquilo que você acha que é certo. No final das contas, o sentimento profundo em seu coração é o que realmente conta.

Seja uma boa cristã, hinduísta, budista, judia ou muçulmana, mas nunca perca o discernimento ou se transforme em uma pessoa louca em nome da religião.

Iniciação a um mantra de Cristo

Um jovem cristão pediu um mantra à Amma. "Quem é sua deidade amada?", Amma perguntou a ele. "A senhora decide, Amma. A divindade que escolher, eu recitarei o mantra", respondeu o rapaz.

Amma contestou: "Não, Amma sabe que você nasceu e foi criado como cristão, assim, aquele *samskara* [tendência predominante herdada desta e de vidas passadas] está profundamente enraizado em você."

Após uma reflexão momentânea, o jovem disse: "Amma, se a senhora quer que eu escolha a deidade, então, por favor, inicie-me em um mantra de Kali."

Amma recusou esse pedido amorosamente e disse: "Olhe, Amma sabe que você está tentando agradá-la. Para a Amma, não tem importância se você recitar um mantra de Kali ou de Cristo. Seja honesto com você mesmo e abra-se para a Amma. É essa atitude que realmente faz a Amma feliz."

"Mas Amma, eu recito o mantra Mrityunjaya e outras orações hindus", replicou o rapaz, tentando convencê-la.

Amma respondeu: "Isso pode ser verdade, porém, você deve recitar um mantra de Cristo, pois esse é seu *samskara* predominante. Se recitar outros mantras, terá dificuldade em mantê-los ao longo do tempo. Pensamentos conflitantes estarão fadados a surgir."

Porém, o jovem estava inflexível. Queria que a Amma escolhesse um mantra para ele ou que o iniciasse em um mantra de Kali. No final, Amma disse: "Está bem, filho, faça uma coisa; sente em silêncio e medite por algum tempo. Vamos ver o que acontece."

Alguns minutos mais tarde, após sair da meditação, Amma perguntou a ele: "Agora, diga para Amma, quem é sua deidade amada?" O rapaz apenas sorriu. Amma insistiu: "Cristo, não é?". O rapaz respondeu: "Sim, Amma. A senhora está certa, e eu estava errado."

Amma continuou: "Amma não vê qualquer diferença entre Cristo, Krishna e Kali. Porém, você sente uma diferença, embora não em sua mente consciente, de forma subconsciente. Amma queria que você percebesse isso e aceitasse. Foi por isso que pediu que você meditasse."

O jovem ficou feliz, e a Amma iniciou-o em um mantra de Cristo.

Aspirantes iludidos e o caminho de saída

Pergunta: Amma, há pessoas que vêm fazendo práticas espirituais intensas há muito tempo, porém estão também muito iludidas. Algumas delas alegam até ter concluído o trajeto. Como podemos ajudar essas pessoas?

Amma: Como alguém poderá ajudá-las se não percebem a necessidade de ajuda? Para sair da escuridão da ilusão, a pessoa antes precisa saber que está na escuridão. É outro estado mental complexo. Esses filhos estão presos na escuridão e acham difícil aceitar a verdade. Como alguém pode alegar estar livre de todas as formas de ego, como esses filhos fazem?

Pergunta: O que os leva a essa ilusão mental?

Amma: O conceito errado sobre espiritualidade e auto-investigação.

Pergunta: Eles podem ser salvos?

Amma: Somente se quiserem ser salvos.

Pergunta: A graça de Deus não pode salvá-los?

Amma: Naturalmente, mas estarão abertos para receber essa graça?

Pergunta: A graça e a compaixão são incondicionais. Estar aberto é uma condição, não é?

Amma: A abertura não é uma condição. É uma necessidade, tão indispensável como comer e dormir.

A ajuda de um verdadeiro Mestre para completar a viagem

Pergunta: Alguns consideram que a orientação de um Guru não é necessária para alcançar a realização de Deus. Amma, o que a senhora pensa sobre isso?

Amma: Uma pessoa fisicamente cega vê escuridão em todos os lugares, por isso busca ajuda. Embora as pessoas sejam espiritualmente cegas, elas não compreendem isso. Mesmo quando compreendem, não aceitam. Assim, é difícil para elas buscar orientação. As pessoas têm opiniões diferentes e têm a liberdade de expressá-las. Aqueles com intelectos afiados podem aprovar ou reprovar muitas coisas. No entanto, suas afirmações podem não ser necessariamente verdade. Quanto mais intelectual você for, mais egoísta será. Para esse tipo de pessoa, a entrega não é tão fácil. A experiência de Deus não se tornará uma realidade, a menos que o ego se entregue. As pessoas que são muito apegadas aos seus egos encontrarão muitas formas para justificar suas ações egoístas. Amma sente que a pessoa que diz que a orientação de um Guru não é necessária no caminho para Deus tem medo de entregar seu ego, ou talvez anseie em ser ela mesma um Guru.

Embora nossa verdadeira natureza seja divina, nos identificamos com o mundo de nomes e formas há tanto tempo que os consideramos como reais. Agora, precisamos abandonar nossa identificação com esse mundo.

114

Uma oferenda de um coração inocente

Uma menina que chegou para o *darshan* ofereceu uma linda flor à Amma e disse: "Amma, essa flor é do jardim da nossa casa."

Amma respondeu: "Verdade? É linda." Aceitando a flor da menina, Amma, com humildade, tocou sua própria cabeça com a flor, como se estivesse se curvando a ela.

"Você mesmo a colheu?", perguntou Amma. A menina indicou que sim com a cabeça.

A mãe da menina explicou que a filha ficou tão animada quando lhe disseram que iriam ver a Amma que correu ao jardim e voltou com a flor. Efetivamente, a flor ainda continha algumas gotas de orvalho. A mãe continuou: "Mostrando-me a flor, a menina disse-me: Mamãe, essa flor é tão bonita quanto a Amma."

A menina estava sentada no colo da Amma. Repentinamente abraçou a Amma com firmeza, beijou-a em ambas as faces e disse: "Eu a amo tanto, Amma". Dando-lhe vários beijos também, Amma respondeu: "Minha filha, Amma também a ama muito."

Vendo a menina dançando alegremente ao lado da mãe, enquanto voltavam aos seus assentos, Amma disse: "A inocência é tão bonita e cativante ao coração."

Linha direta com Deus

Durante a sessão de perguntas e respostas de um dos retiros da Amma, um devoto disse em um tom preocupado: "Amma, milhares de pessoas oram para a senhora. Parece que quase todas as linhas estarão ocupadas quando eu pedir ajuda. A senhora tem alguma sugestão para mim?"

Ao ouvir a pergunta, Amma riu muito e respondeu: "Não se preocupe, filho. Você tem uma linha direta." A resposta da Amma provocou uma gargalhada. Ela continuou: "De fato, todos têm uma linha direta para Deus. No entanto, a qualidade da linha depende do fervor de sua oração."

Como um rio que flui...

Pergunta: Amma, a senhora faz o mesmo trabalho dia após dia, ano após ano. Não se entedia de abraçar as pessoas assim?

Amma: Se o rio fica entediado por fluir, se o Sol se entedia por iluminar e o vento cansa de soprar, então a Amma também se sente entediada.

Pergunta: Amma, esteja onde estiver, a senhora está sempre cercada por pessoas. Não tem necessidade de um pouco de liberdade e isolamento?

Amma: A Amma está sempre livre e só.

Sons védicos e mantras

Pergunta: Os antigos *rishis* [sábios] são conhecidos como *drishtas* de *mantras* [aqueles que viram os mantras]. Isso significa que eles viram os sons puros e os mantras?

Amma: "Ver" significa "tornar algo claro internamente" ou vivenciar. Os mantras só podem ser experimentados internamente. Os sons védicos e os mantras já existiam no universo, no ambiente. O que os cientistas fazem quando inventam algo? Eles trazem à luz o fato que por tanto tempo ficou escondido. Nós não podemos chamar isso de uma nova invenção. Eles somente revelam o fato.

A única diferença entre as invenções científicas e os mantras está nos níveis mais sutis. Por meio de severas penitências, os *rishis* tornaram seus corpos limpos e completamente puros. Dessa forma, estes sons universais automaticamente despertaram dentro deles.

Nós sabemos como os sons e as imagens viajam pelo ar em forma de vibrações de uma estação de TV ou rádio. Eles sempre permanecem na atmosfera. Entretanto, para vê-los e ouvi-los, nós temos que sintonizar nossos aparelhos: o rádio ou a TV. Da mesma forma, esses sons divinos se revelam àqueles que têm uma mente limpa e pura. Os olhos externos não têm poder para enxergá-los. Somente quando desenvolvemos a terceira visão, ou o olhar interno, é que nós podemos experimentar estes sons. Não importa qual seja o som, aprenda a senti-lo, o mais profundo que puder. Sentir o som, e não simplesmente ouvi-lo, é o que realmente importa. Sinta as suas orações, sinta seu mantra e você sentirá Deus.

Pergunta: Os mantras têm algum significado?

Amma: Não da forma como você pensa ou espera. Os mantras são a forma mais pura de vibrações universais ou *shakti* [energia divina], a intensidade da qual os *rishis* experimentaram em profunda meditação. Os mantras são o poder do universo em forma original. Por isso eles são conhecidos como *bijaksharas* [letras originais]. Os *rishis*, após passarem por essa experiência, ofereceram esses sons puros à humanidade. Entretanto, não é tão fácil limitar verbalmente uma experiência, em especial a mais profunda de todas as experiências. Desta forma, os mantras que nós possuímos são os sons mais próximos do som universal que os generosos *rishis* puderam criar verbalmente para o benefício do mundo. Não obstante, ainda é certo que um mantra somente pode ser sentido em sua plenitude quando a mente atinge a perfeita pureza.

Algo me falta

Pergunta: Amma, por que tantas pessoas dizem que, mesmo possuindo todos os bens materiais, ainda falta algo na vida delas? Por que elas se sentem assim?

Amma: A vida traz várias situações e experiências para diferentes pessoas de acordo com seus carmas [ações] passados e com a maneira que elas vivem suas vidas no presente. Independente de quem seja ou do que possua, você somente atingirá a perfeição e a felicidade em sua vida se viver e pensar de uma forma *dhármica* [correta]. Se suas riquezas e seus desejos não forem usados de acordo com seu *dharma* maior, ou seja a obtenção de *moksha* [libertação], você nunca terá paz. Você sempre terá a sensação de que "falta algo". O que falta é paz, satisfação e alegria. E essa falta da verdadeira felicidade cria um vazio, que não pode ser preenchido por meio de diversão e de conquistas materiais. Todo mundo acredita que pode preencher este vazio através da realização de seus desejos. Na verdade este vazio permanecerá e poderá se tornar ainda maior se as pessoas continuarem a correr atrás somente de conquistas mundanas. *Dharma* e *moksha* são interdependentes. Uma pessoa que vive de acordo com os princípios do *dharma* irá atingir *moksha* e aquele que tem o desejo de alcançar *moksha* irá inevitavelmente levar uma vida *dhármica*.

Usados de forma incorreta, o dinheiro e as posses podem se tornar grandes obstáculos. Eles são barreiras para aqueles que desejam evoluir espiritualmente. Quanto mais dinheiro tiver, mais se tornará propenso a ser obsessivo com o seu corpo. Quanto mais você se identifica com o corpo, mais egoísta fica. O dinheiro em si não é problema, mas sim o apego não inteligente a ele.

O mundo e Deus

Pergunta: Qual a ligação entre o mundo e Deus, a alegria e a tristeza?

Amma: Na verdade o mundo necessita conhecer Deus ou vivenciar a verdadeira felicidade. Numa sala de aula, o professor escreve no quadro-negro com um pedaço de giz branco. O fundo negro cria o contraste para as letras brancas. Da mesma forma, o mundo é o fundo que nos faz conhecer a nossa pureza, que nos torna conscientes de nossa verdadeira essência, que é a alegria eterna.

Pergunta: Amma, é verdade que somente os seres humanos se sentem infelizes e tristes, e os animais não?

Amma: Não é verdade. Os animais também sentem tristeza e melancolia. Eles vivenciam tristeza, amor, raiva e outras emoções.

Entretanto, eles não as sentem de forma tão profunda quanto os seres humanos. Os humanos são mais evoluídos, logo eles sentem suas emoções de maneira muito mais profunda. Na verdade, a tristeza profunda mostra o potencial de ir ao extremo oposto, que é a alegria. Desse sentimento de tristeza profunda e dor, podemos, de fato, reunir força suficiente para entrar no caminho do auto-questionamento. É apenas uma questão de canalizar nossa *shakti* [força vital] com mais discernimento.

Pergunta: Amma, como podemos usar nossa *shakti* com mais discernimento?

Amma: Somente uma compreensão mais profunda irá nos ajudar a conseguir isso. Suponha que nós fôssemos a um velório ou visitássemos uma pessoa idosa que estivesse doente e totalmente incapacitada. Certamente ficaríamos tristes. Entretanto, assim que voltássemos para casa e nos dedicássemos às nossas tarefas, esqueceríamos o assunto e continuaríamos com nossas vidas. A cena não tocou os recantos mais escondidos de nosso coração; ela não foi tão profunda. Todavia, se você puder realmente contemplar aquelas experiências, pensando: "A mesma coisa vai acontecer comigo um dia. Eu deveria tentar descobrir a causa de todas essas dores e me preparar para elas antes que seja tarde demais", daí essas experiências aos poucos iriam mudar a sua vida e orientar você para os mistérios mais profundos do universo. Se você for sincero e determinado, aos poucos encontrará a fonte mesma da felicidade.

Enquanto a Amma falava, uma criança que estava sentada confortavelmente no colo de sua mãe começou a chorar de repente. Chamando: "Baby... baby... baby", Amma perguntou por que a criança estava chorando. Segurando uma chupeta nas mãos, a mãe disse:

"Ela perdeu isto". Todo mundo riu. Então, a mãe colocou de volta a chupeta na boca da criança, e esta parou de chorar.

Amma: A pequenina perdeu sua felicidade. Esse foi um bom exemplo do que nós estávamos tentando explicar. A chupeta é uma ilusão, assim como o mundo. Ela não dá nenhum alimento à criança, mas evita que a criança chore. Então, nós podemos afirmar que ela possui um propósito, por assim dizer. Da mesma forma, o mundo não alimenta o nosso espírito, mas ele tem um propósito, que é nos lembrar do Criador, ou Deus.

Pergunta: Dizem que uma pessoa passa por muita dor e sofrimento antes da realização do Ser. Essa afirmação é correta?

Amma: De qualquer maneira há dor e sofrimento na vida. A espiritualidade não é um caminho adiante; é um caminho para trás. Nós retornamos ao ponto original de nossa existência. Neste processo, temos que passar pelas camadas de emoções e vasanas [tendências] que acumulamos até aqui. É daí que vem a dor, e não do exterior. Quando passamos por estas camadas com uma atitude sincera, estamos, na verdade, superando-as e ultrapassando-as, o que acabará nos levando à morada da suprema paz e alegria.

Antes de alcançar o topo de uma montanha, a pessoa tem que estar no pé da montanha, no outro extremo. Da mesma forma, antes de atingir o cume da alegria, é inevitável a experiência do outro extremo, que é a tristeza.

Pergunta: Por que isso é inevitável?

Amma: Enquanto houver identificação com o ego e enquanto a pessoa achar: "Eu sou independente de Deus", haverá dor e tristeza. Neste momento, você se encontra no sopé da montanha.

Antes de começar a escalá-la, precisa renunciar ao seu apego ao vale e a tudo que está ali. A dor é inevitável somente quando você faz as coisas sem colocar todo o seu coração. Caso contrário, não haverá dor. Quando se renuncia ao apego, a dor se torna um anseio intenso, anseio de alcançar os picos da união eterna. A verdadeira pergunta é quantos podem renunciar a este apego de todo o coração?

O devoto ficou pensativo por uns momentos. Percebendo seu silêncio, Amma deu batidinhas em sua cabeça, dizendo: "Afine o som do tambor do ego e deixe sons prazerosos surgirem dele". O devoto espontaneamente caiu na gargalhada.

Amma: Amma ouviu contarem uma história. Havia um homem rico que perdera todo o interesse na vida mundana e queria começar uma nova vida de paz e tranqüilidade. Ele tinha tudo o que o dinheiro poderia comprar, mas, até aquele momento, a vida havia se mostrado totalmente sem sentido para ele. Então, decidiu se entregar às orientações de um mestre espiritual. Antes de deixar sua casa, o homem pensou: "O que farei com todo esse dinheiro? Vou oferecer tudo ao mestre e esquecer disso. O que realmente quero é a verdadeira felicidade". Então, o homem colocou todas as moedas de ouro que tinha em uma bolsa e a levou.

Depois de um dia inteiro de jornada, o homem encontrou o mestre sentado debaixo de uma árvore na periferia de uma vila. Ele colocou a bolsa com o dinheiro na frente do mestre e se curvou diante dele. Quando levantou a cabeça, contudo, ficou surpreso de ver o mestre fugindo com a bolsa de dinheiro. Totalmente confuso e chocado pelo estranho comportamento do Guru, o homem correu atrás dele tão rápido quanto suas pernas poderiam suportar. O mestre corria mais rápido – atravessou campos, subiu e desceu colinas, saltou riachos, andou sobre arbustos e correu pelas ruas. Estava anoitecendo.

O mestre estava tão familiarizado com as vielas do lugarejo, suas trilhas e ruas que foi difícil para o homem rico acompanhá-lo. Finalmente, já sem esperanças, o homem rico voltou ao mesmo ponto onde pela primeira vez conhecera o mestre. E lá estava sua bolsa de dinheiro – e, escondido atrás da árvore, estava o mestre. Enquanto o homem avidamente pegava sua bolsa de dinheiro, o mestre surgiu por detrás da árvore e disse: "Me diga como você se sente agora".

"Eu me sinto feliz, muito feliz – esse é o momento mais feliz da minha vida".

"Então", disse o Guru, "para vivenciar a verdadeira felicidade, a pessoa tem de ir para o outro extremo também".

Filhos, vocês podem vagar pelo mundo em busca de diversas conquistas. Entretanto, a não ser que retornem à fonte de onde começaram, a verdadeira felicidade não surgirá. Essa também é a outra moral desta história.

Pergunta: Amma, eu ouvi dizer que, a não ser que todas as buscas cessem, a verdadeira felicidade não poderá ser encontrada. Como a senhora explica isso?

Amma: "Todas as buscas devem cessar" significa que a procura pela felicidade no mundo exterior deve cessar, porque aquilo que se busca está no interior. Pare de correr atrás dos objetos do mundo e volte-se para o seu interior. Lá encontrará o que busca.

Você é tanto o que procura quanto o que é procurado. Está buscando algo que já possui. Esse algo não pode ser encontrado do lado de fora. Portanto, cada busca externa por felicidade irá resultar em desapontamento e frustração. É como quando o cachorro corre atrás de seu próprio rabo.

Paciência sem fim

Há um homem lá pelos seus cinqüenta e tantos anos que participa constantemente dos programas da Amma em Nova York desde 1988. Não consigo esquecê-lo porque sempre faz as mesmas perguntas para a Amma. E quase sempre eu termino sendo seu intérprete. Ano após ano, o homem vem fazendo as seguintes três perguntas, sem nem mesmo as reformular uma vez sequer:

1. A senhora pode me dar Auto-realização imediata?
2. Quando me casarei com uma linda mulher?
3. Como posso fazer dinheiro rápido e me tornar rico?

Quando o vi na fila para o darshan, comentei brincando: "Lá vem o disco quebrado".

Amma imediatamente percebeu de quem eu estava falando. Ela me olhou com seriedade e disse: "A espiritualidade está em sentir e participar dos problemas e dores dos outros. Deve-se pelo menos ter uma abordagem intelectual madura para com os que atravessam tais problemas e dores. Se você não tem paciência para ouvi-los, não serve para ser tradutor da Amma".

Eu pedi sinceras desculpas à Amma pelas minhas palavras e atitude preconceituosas. Todavia, ainda tinha dúvidas se a Amma gostaria de ouvir a mesma pergunta pela 15ª vez.

"Devo aceitar as perguntas dele?", perguntei a Amma.

"Claro, por que não?"

Lógico que as perguntas eram as mesmas três de sempre. E de novo eu me senti surpreso e maravilhado em ver a Amma ouvindo o homem e dando conselhos a ele como se fosse a primeira vez que ela estivesse ouvindo suas perguntas.

Pergunta: A senhora pode me dar Auto-realização imediata?

Amma: Você tem meditado regularmente?

Pergunta: Na esperança de fazer bastante dinheiro, trabalho 50 horas por semana. Ainda assim medito, mas não regularmente.

Amma: O que você quer dizer com isso?

Pergunta: Depois que eu termino meu trabalho, se tiver tempo, eu medito.

Amma: Certo, e quanto a repetir seu mantra? Você o recita diariamente, conforme lhe foi instruído?

Pergunta: (meio indeciso) Sim, eu repito meu mantra, mas não todos os dias.

Amma: A que horas você vai dormir e a que horas você se levanta?

Pergunta: Geralmente eu vou dormir à meia-noite e acordo às 7h.

Amma: A que horas você sai para trabalhar?

Pergunta: Meu trabalho é de 8h30 às 17h. Gasto de 35 a 40 minutos para chegar lá, com trânsito normal. Então, geralmente saio de casa às 7h35. Quando eu me levanto, só tenho tempo de preparar uma xícara de café, duas torradas e me arrumar. Eu pego o meu café, entro no carro e saio.

Amma: A que horas você volta do trabalho?

Pergunta: (pensando) Entre 17h30 e 18h.

Amma: O que você faz quando chega em casa?

Pergunta: Eu descanso por meia hora e preparo o jantar.

Amma: Para quantas pessoas?

Pergunta: Só para mim; moro sozinho.

Amma: Quanto tempo leva para isso?

Pergunta: Cerca de 40 minutos à uma hora.

Amma: Nesse momento são 19h30. O que você faz após o jantar? Assiste TV?

Pergunta: Isso mesmo.

Amma: Por quanto tempo?

Pergunta: (rindo) Amma, a senhora me pegou. Na verdade, assisto TV até a hora de ir dormir, e também tenho que admitir que... Não, esqueça.

Amma: (dando tapinhas nas costas do homem) Vamos, vá em frente e termine o que ia dizer.

Pergunta: É que é muito constrangedor para mim.

Amma: Tudo bem, sem problemas.

Pergunta: (após um momento de pausa) Não há sentido em esconder nada da senhora. De qualquer forma, eu acredito que a senhora já saiba o que é. Caso contrário, por que criaria essa situação? Nossa! Isso é mesmo um *leela* [jogo divino]... Amma, eu peço desculpas, mas esqueci meu mantra. Eu nem sei onde está o pedaço de papel onde estava escrito.

Ouvindo isso, Amma caiu na gargalhada.

Pergunta: (confuso) O que foi? Por que a senhora está rindo?

Enquanto o homem sentava-se com um olhar de preocupação, Amma brincou com ele dando um puxão em sua orelha.

Amma: Seu maroto! Amma sabia que você estava tentando esconder algo. Veja, meu filho, Deus é quem nos dá tudo. Amma compreende a sua sinceridade e seu interesse, mas você tem que ter mais *shraddha* [atenção e fé com amor] e compromisso, e você tem que estar disposto a trabalhar duro para alcançar a Meta, para alcançar a Auto-realização.

O mantra é a ponte que liga você ao seu Guru – o finito ao infinito. A repetição do mantra do Guru é como alimento para o discípulo dedicado. Mostre respeito pelo mantra e tenha uma atitude de reverência ao Guru repetindo o mantra diariamente, sem pular nenhum dia. A não ser que você seja dedicado, a Auto-realização não acontecerá. A espiritualidade não deve ser um trabalho de meio expediente, mas sim de tempo integral. A Amma não está pedindo que largue seu emprego ou trabalhe menos. Você considera seu emprego e seu sustento como algo sério, não é? Igualmente, a realização de Deus é algo sério. Da mesma forma como comemos e dormimos, a prática espiritual deve se tornar parte de sua vida.

Pergunta: (educadamente) Amma, eu aceito sua resposta. Vou lembrar disso e tentar fazer as coisas conforme a senhora disse. Por favor, me abençoe.

O homem ficou em silêncio por algum tempo. Ele parecia estar pensando.

Amma: Filho... Você já foi casado duas vezes, não foi?

Pergunta: (surpreso) Como a senhora sabe?

Amma: Filho, esta não é a primeira vez que você menciona esses problemas à Amma.

Pergunta: Que memória!

Amma: O que o faz pensar que o próximo casamento dará certo?

Pergunta: Eu não sei.

Amma: Você não sabe? Ou você está em dúvida?

Pergunta: Eu estou em dúvida.

Amma: Mesmo diante da incerteza, você ainda está pensando em outro casamento?

Perplexo e ao mesmo tempo achando graça, o homem quase caiu de tanto rir. Depois ele sentou-se, com as mãos unidas em forma de oração, e disse: "Amma, a senhora é poderosa e invencível. Eu me curvo diante de ti".

Sorrindo carinhosamente, a Amma brincou dando pancadinhas na cabeça careca do homem, que estava abaixada.

Amor incondicional e compaixão

Pergunta: Amma, qual é a sua definição para compaixão e amor incondicional?

Amma: É um estado totalmente indefinível.

Pergunta: Então, o que é?

Amma: É algo expansivo, como o céu.

Pergunta: É o céu interior?

Amma: Ali não há lado de dentro ou de fora.

Pergunta: Então?

Amma: Existe somente unidade, por isso não pode ser definido.

O caminho mais fácil

Pergunta: Amma, existem tantos caminhos, qual é o mais fácil?

Amma: O caminho mais fácil é permanecer junto de um *Satguru* [verdadeiro mestre]. Estar ao lado de um *Satguru* é como viajar em um concorde. Um *Satguru* é o veículo mais rápido para levar você à Meta Final. Seguir qualquer caminho sem a ajuda de um *Satguru* é como viajar num ônibus comum, que faz centenas de paradas, o que atrasa o processo.

Iluminação, entrega e viver no presente

P ergunta: É impossível ocorrer a iluminação sem a atitude de entrega, independentemente da intensidade do *sadhana* [prática espiritual] da pessoa?

Amma: Diga à Amma, o que você entende por um intenso *sadhana*? Um intenso *sadhana* se conquista com honestidade e amor. Para isso é necessário que você esteja no presente e renuncie ao passado e ao futuro.

Não importa se você chame de entrega, momento presente, aqui e agora, viver um dia de cada vez ou de qualquer outro termo, eles são a mesma coisa. Os termos podem mudar, mas o que acontece no interior é a mesma coisa. Qualquer forma de prática espiritual que façamos é para nos ajudar na grande lição do desapego. A verdadeira meditação não é uma ação; ela é um intenso desejo do coração de se tornar um só com o Eu interior, ou Deus. Neste processo, quanto mais fundo nós formos, menos ego teremos e mais leve nos sentiremos. Então, como você vê, o propósito do *sadhana* é remover gradualmente o sentimento de "eu" e "meu". Este processo é explicado de diferentes formas, com diferentes termos, só isso.

Pergunta: Todas as conquistas e sucessos materiais no mundo basicamente dependem de nossa agressividade e competência. Não se é vencedor a não ser que o indivíduo aperfeiçoe sua mente e seu intelecto. Uma pequena falha já é suficiente para colocar-nos no final da fila e sermos postos de lado. Parece que há uma grande diferença entre os princípios da vida espiritual e os da vida mundana.

Amma: Filha, como você mesma disse, apenas parecem diferentes.

Pergunta: Como?

Amma: A maioria das pessoas, independente de quem sejam ou o que façam, vivem no presente, mas não de forma completa. Quando elas estão empenhadas numa ação ou num pensamento, estão entregues àquele momento. Se fosse de outra forma, as coisas não aconteceriam. Veja um carpinteiro, por exemplo. Enquanto ele utiliza uma ferramenta, se a mente dele não estiver focada no presente, algum acidente grave pode acontecer. Então, as pessoas vivem no presente. A única diferença é que a maioria tem pouca ou nenhuma consciência e, portanto, elas estão somente parcialmente no presente. A ciência espiritual ensina que devemos estar completamente no momento presente, independentemente do tempo e lugar. As pessoas estão focadas na mente ou no intelecto – nunca no coração.

Pergunta: Mas, para estar totalmente no presente, a pessoa não tem que superar o ego?

Amma: Sim, mas superar o ego não significa que você deixa de agir ou se torna inútil. Pelo contrário, você vai além de todas as fraquezas. Você será totalmente transformado, e suas aptidões que estavam escondidas serão mostradas em seu potencial máximo. Como um perfeito ser humano, você estará pronto para servir ao mundo, não enxergando diferenças de nenhum tipo.

Pergunta: Então, Amma, o que a senhora está dizendo é que basicamente não há diferença entre a entrega e a vida no presente?

Amma: Sim, elas são uma única coisa.

Japa Mala e telefone celular

Andando na direção do salão em companhia de seus devotos, a Amma percebeu que um dos *brahmacharins* se afastou para atender uma ligação que recebera em seu celular. Quando o *brahmacharin* terminou sua conversa e se uniu ao grupo, a Amma observou: "Por ter tantas responsabilidades nas mãos, como organizar os programas da Amma pelo país e entrar em contato com os coordenadores locais, não há problema o aspirante espiritual possuir um celular. Entretanto, com o celular em uma mão, mantenha o *japa mala* [rosário] na outra, o que irá lembrá-lo de recitar mantra. Um celular é necessário para entrar em contato com o mundo, então, tenha um se for preciso. Mas nunca perca o contato com Deus. Esta é sua força vital".

Um Upanixade vivo

Pergunta: Como a senhora descreve um *Satguru* [verdadeiro mestre]?

Amma: Um *Satguru* é um *Upanixade* [uma personificação da verdade suprema, como descrita nos *Upanixades*] vivo.

Pergunta: Qual é a principal tarefa do mestre?

Amma: Seu único propósito é inspirar os discípulos e ensiná-los a fé e o amor necessários para que atinjam seus objetivos. A primeira e mais importante missão do mestre é acender o fogo da Auto-realização ou amor a Deus no discípulo. Depois de acesa, a próxima tarefa do mestre é manter a chama viva, protegendo-a das noites de tempestade e dos temporais de tentações desnecessárias. O mestre protegerá o discípulo como uma galinha protege seus pintinhos debaixo das asas. Pouco a pouco, o discípulo aprenderá lições maiores sobre a entrega e o desapego, observando o mestre e se inspirando em sua vida. Um dia, isso finalmente resultará em uma total entrega e transcendência.

Pergunta: O que o discípulo transcende?

Amma: Sua natureza inferior, ou *vasanas* [tendências].

Pergunta: Amma, como a senhora define o ego?

Amma: Simplesmente como um fenômeno irrelevante – mas destrutivo, se a pessoa não tomar cuidado.

Pergunta: Mas ele não é um instrumento útil e poderoso enquanto nós vivemos nesse mundo?

Amma: Sim, se você aprender a usá-lo da maneira correta.

Pergunta: O que a senhora quer dizer com "correta"?

Amma: A Amma quer dizer que cada um deve exercer um controle próprio sobre o ego por meio do discernimento.

Pergunta: Os *sadhaks* [aspirantes espirituais] fazem o mesmo como parte de sua prática espiritual, não é?

Amma: Sim, mas um *sadhak* gradualmente consegue dominar o ego.

Pergunta: Isso significa que não há a necessidade de transcender o ego?

Amma: Dominar e transcender são a mesma coisa. Na verdade, não há nada a transcender. Da mesma forma que o ego é ilusório, a transcendência também é. Só o *Atman* [Eu superior] é real. O resto são somente sombras ou nuvens cobrindo o sol; não são reais.

Pergunta: Mas as nuvens nos dão sombra. Não podemos chamá-las de ilusórias, podemos?

Amma: Correto. Uma nuvem não pode ser chamada de ilusória. Ela tem um propósito, ela fornece sombra. A sombra não existe sem a árvore, mas a árvore existe mesmo sem a sombra. Logo, a sombra não é nem real nem ilusória. É isso que é maia. A mente, ou o ego, não é nem real nem ilusória. Entretanto, a existência do *Atman* não depende de nenhuma forma do ego. Por exemplo, um homem e seu filho estão andando debaixo de muito calor. Para se proteger, o menino anda atrás do pai, e a sombra o protege. Filho, você está certo, uma sombra não pode ser chamada de ilusória; mas também não é real. Contudo, ela tem um propósito. Da mesma maneira, embora o ego não seja nem real e nem ilusório, ele tem uma função – lembrar-nos da verdade suprema, o *Atman*, que é o substrato do ego.

Assim como a sombra, nem o mundo e nem o ego podem existir sem o *Atman*. O *Atman* fornece suporte e sustenta toda a existência.

Pergunta: Amma, voltando ao tema da transcendência – a senhora disse que, da mesma maneira que o ego é ilusório, a transcendência do ego também é. Sendo assim, o que é o processo de desenvolvimento ou Auto-realização?

Amma: Da mesma forma que o ego é ilusório, o processo de transcender o ego também é. Até o termo "desenvolvimento" está errado, já que o Eu superior não precisa de desenvolvimento. Aquilo que permanece sempre como é, em todos os três períodos de tempo, não precisa passar por qualquer processo. Todas as explicações acabam levando-o a perceber que são sem sentido. No final, você entende que nada mais existia além do *Atman* e que, na verdade, não houve processo algum. Por exemplo, suponha que há uma fonte de água divina no meio de uma densa floresta. Um dia você a descobre, bebe a água e ganha a imortalidade. A fonte sempre esteve ali, mas você não sabia. De repente, você se deu conta dela, percebeu sua existência. O mesmo acontece com a fonte interior de pura *shakti* [energia]. Quando sua busca e desejo de conhecer o Eu superior cresce, uma revelação acontece, e você entra em contato com aquela fonte. Uma vez que essa conexão é estabelecida, você também entende que nunca esteve desconectado dela.

Por exemplo, o universo tem uma imensa riqueza escondida em seu interior. Existem pedras preciosas, poções mágicas, remédios que curam qualquer doença, informações valiosas que dizem respeito à história da humanidade, métodos para solucionar o mistério do universo e daí por diante. O que os cientistas do passado, presente e futuro podem descobrir é só uma infinitésima parte do que o universo carrega em si.

Nada é novo. Todas as invenções nada mais são que um processo de remoção de capas. Igualmente, a verdade suprema permanece lá no fundo de nós mesmos, embora esteja encoberta. O processo de descoberta é conhecido como *sadhana* [práticas espirituais]. Assim, do ponto de vista do indivíduo, há um processo de desenvolvimento e, conseqüentemente, há a transcendência também.

Pergunta: Amma, como a senhora explica a transcendência nas várias situações cotidianas de vida?

Amma: A transcendência só acontece quando nós atingimos maturidade e compreensão suficientes. Ela vem com as práticas espirituais e com a vivência de diferentes experiências e situações com uma atitude positiva e certo grau de abertura. Isto nos ajuda a deixar de lado nossas noções equivocadas e ir além. Se você ficar um pouco mais atento, entenderá que abandonar e superar coisas menores, desejos insignificantes e apegos são experiências comuns em nosso dia-a-dia.

Imagine uma criança que sempre gosta de brincar com seus brinquedos, como com seu chimpanzé de pelúcia. Ela ama tanto o chimpanzé que o carrega o dia todo para cima e para baixo. Às vezes quando brinca com ele, ela se esquece até mesmo de comer. E se sua mãe tenta tirá-lo, fica tão chateada que chora. Ela até dorme abraçada ao seu brinquedo. Só depois que pega no sono é que sua mãe pode guardar o chimpanzé. Um dia, contudo, a mãe vê todos os brinquedos, inclusive o chimpanzé que era o brinquedo que a criança mais gostava, largados num canto do quarto. De uma hora para outra, a criança os superou; ela transcendeu os brinquedos. Talvez até sorria, vendo outra criança com os brinquedos, e pense: "Veja aquele menino, como se entretém com seus brinquedos". Ela esqueceu até mesmo que um dia também foi uma criança.

No caso de uma criança, ela larga os brinquedos em busca de algo mais avançado, talvez um velocípede. Logo ela também transcenderá o velocípede, preferindo a bicicleta. E então, finalmente, talvez queira uma motocicleta, um carro e assim por diante. Um *sadhak*, contudo, precisa desenvolver a força e o entendimento para transcender tudo o que vem no seu caminho e se dedicar apenas ao Supremo.

Maia

Pergunta: Amma, o que é maia? Como a senhora a define?

Amma: A mente é maia. A incapacidade da mente de conceber o mundo como impermanente e mutável é conhecida como maia.

Pergunta: Também dizem que este mundo objetivo é maia.

Amma: Sim, porque é uma projeção da mente. Aquilo que nos impede de enxergar esta realidade é maia.

Um leão feito de sândalo é real para uma criança, mas, para um adulto, é um pedaço de sândalo. Para a criança, a madeira não se faz visível, revelando só o leão. Os pais também podem apreciar esse leão, mas sabem que não é real. Para eles, a madeira é real, e não o leão.

Da mesma maneira, para uma alma realizada, todo o universo nada mais é que a essência, a "madeira" que inclui tudo, o Brahman absoluto, ou a consciência.

Ateus

Pergunta: Amma, qual a sua opinião sobre os ateus?

Amma: Não importa se uma pessoa acredita em Deus ou não, contanto que ela sirva à sociedade da forma correta.

Pergunta: A senhora não se importa, não é?

Amma: A Amma se importa com todos.

Pergunta: Mas a senhora acha os pontos de vista deles corretos?

Amma: O que importa o que a Amma acha, se eles continuam a acreditar em seus pontos de vista?

Pergunta: Amma, a senhora está se esquivando de responder à minha pergunta.

Amma: E filha, você está forçando a Amma a dar a resposta que você quer.

Pergunta: (rindo) Certo, Amma, eu quero saber se o ateísmo é somente um exercício intelectual ou se existe algum sentido nas coisas que eles dizem.

Amma: Ter sentido ou não depende da atitude que a pessoa tem. Os ateus acreditam firmemente que não há nenhum poder supremo, ou Deus. Porém, alguns deles somente dizem isto em público, porque no fundo acreditam em Deus.

Não há nada de especial em tais exercícios intelectuais. Uma pessoa intelectualmente desenvolvida pode aparentemente provar ou contestar a existência de Deus. O ateísmo é baseado em lógica. Como exercícios intelectuais podem provar ou contestar Deus, que está além do reino do intelecto?

Pergunta: Então, Amma, o que a senhora está dizendo é que os pontos de vista deles sobre Deus são incorretos, não é?

Amma: Os pontos de vista deles ou de outros sobre Deus tendem a ser incorretos, porque Deus não pode ser visto de um certo ângulo. Deus só aparecerá quando todos os pontos de vista desaparecerem. A lógica intelectual pode ser usada para estabelecer ou refutar algo, mas nem sempre será verdade.

Suponha que você diga: "'A' não tem nada nas mãos. 'B' também não tem nada nas mãos. Eu não vejo nada na mão de 'C' tampouco. Então, ninguém tem nada nas mãos". É lógico e parece correto, mas será que é? Da mesma forma são as conclusões intelectuais. Os ateus atuais gastam muito tempo tentando provar a inexistência de Deus. Se eles estão convictos disso, por que se preocupam tanto? Em vez de se ocuparem com argumentos intelectuais que são destrutivos, eles deveriam fazer algo de benéfico à sociedade.

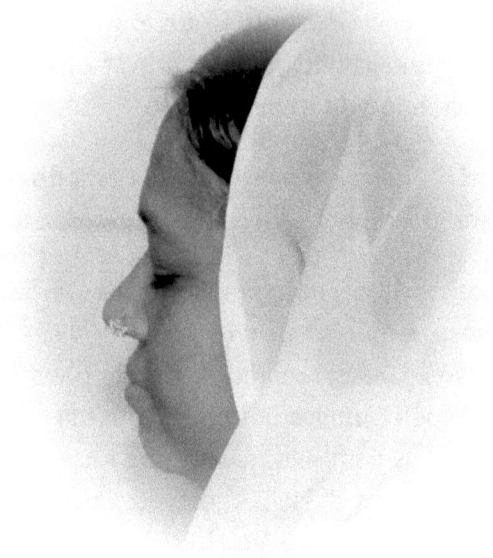

Paz

Pergunta: O que é a paz, nas palavras da Amma?

Amma: Você está perguntando sobre a paz interior ou exterior?

Pergunta: Eu quero saber o que é a verdadeira paz.

Amma: Filha, primeiro conte à Amma qual a sua versáo da verdadeira paz.

Pergunta: Eu acho que paz é felicidade.

Amma: Mas o que é a verdadeira felicidade? É algo que você consegue quando seus desejos são satisfeitos, ou você tem alguma outra explicação?

Pergunta: Humm... É um estado de espírito que vem quando os desejos são satisfeitos, não é?

Amma: Mas esta alegria desaparecerá logo. Você se sente feliz quando um desejo em especial é satisfeito. Porém, logo outro desejo aparecerá, e você correrá atrás dele. Não há fim neste processo, há?

Pergunta: É verdade. Então, a verdadeira felicidade é ser feliz interiormente?

Amma: Certo, mas como se sentir feliz interiormente?

Pergunta: (rindo) A senhora está tentando me pegar.

Amma: Não, nós estamos chegando perto da resposta que você precisa. Veja filha, como é possível sentir-se feliz interiormente, se a mente não está tranquila? Ou você acha que a paz verdadeira é quando você come chocolate e sorvete e sente-se calma e serena?

Pergunta: (rindo) Ah, não, a senhora está brincando comigo.

Amma: Não, filha, a Amma fala sério.

Pergunta: (pensativa) Nem é paz e nem é felicidade. É só um tipo de fascínio ou prazer.

Amma: Você sente este fascínio por muito tempo?

Pergunta: Não, ele vem e vai.

Amma: Agora diga à Amma, pode um sentimento que vai e vem ser chamado de verdadeiro ou permanente?

Pergunta: Não.

Amma: Então como você o chama?

Pergunta: Aquilo que vai e volta geralmente é chamado de "temporário" ou "momentâneo".

Amma: Já que você disse isso, deixe a Amma perguntar: em algum momento de sua você sentiu paz sem nenhuma razão especial?

Pergunta: (depois de alguns momentos de reflexão) Sim, uma vez eu estava sentada no quintal de minha casa, vendo o pôr-do-sol. Meu coração se encheu de uma alegria desconhecida. Naquele momento mágico, simplesmente me deixei levar a um estado de relaxamento e senti muita paz e alegria interior. Até escrevi um poema descrevendo a experiência.

Amma: Filha, esta é a resposta para a sua pergunta. A paz acontece quando a mente está quieta, com menos pensamentos. Menos pensamentos significam mais paz e mais pensamentos significam menos paz. Paz ou felicidade sem nenhum motivo são a verdadeira paz e felicidade. São sinônimos, na verdade. Quanto mais receptiva você estiver, mais paz ou felicidade você sentirá, e vice-versa. A menos que tenhamos certo grau de domínio sobre a nossa mente, a verdadeira paz é difícil de atingir. Encontrar a paz dentro de nós é o real caminho para encontrá-la do lado de fora. O esforço interior e exterior devem andar de mãos dadas.

Pergunta: Amma, como a senhora descreve a paz do ponto de vista espiritual?

Amma: Não há nenhuma diferença entre a paz espiritual e a paz mundana. Da mesma maneira que o amor é um só, a paz também é. Sim, existe uma diferença em grau. Isso depende de quão fundo você mergulha. Pense na mente como um lago; os pensamentos são as ondulações desse lago. Cada pensamento ou movimento de agitação é como uma pedra lançada no lago, que cria várias ondulações. Uma mente meditativa se tornará como uma flor de lótus que flutua naquele lago. As ondulações de pensamentos ainda estarão lá, mas a flor não é atingida; ela somente flutua.

"Me deixe só! Eu quero paz!" Esta é uma expressão comum de se ouvir, algumas vezes no meio de uma discussão, ou quando alguém está cansado de outra pessoa ou situação. Mas isso é possível? Mesmo se nós deixarmos aquela pessoa só, ela não terá paz, nem de fato poderá ficar sozinha. Por detrás das portas fechadas de seu quarto, a pessoa pensará em tudo o que aconteceu, ainda fervendo por dentro. Ela estará novamente no mundo dos pensamentos inquietantes. A verdadeira paz é um sentimento profundo que toma o coração quando nós nos livramos dos pensamentos do passado.

Paz não é o oposto de agitação. É a ausência de agitação. É um estado completamente relaxado e tranqüilo.

A maior lição na vida

Pergunta: Qual é a maior lição que uma pessoa precisa aprender na vida?

Amma: Esteja apegado ao mundo com uma atitude de desapego.

Pergunta: Como podem o apego e o desapego estar juntos?

Amma: Apegue-se e desapegue-se conforme a sua vontade – aja, depois se desapegue e siga adiante... Aja novamente, desapegue-se e avance. Bagagem extra tornará sua viagem incômoda, certo? Da mesma maneira, a bagagem extra de sonhos, desejos e apegos indiscriminados farão a viagem de sua vida extremamente deprimente.

Até mesmo os grandes imperadores, ditadores e líderes sofrem horrivelmente ao término de suas vidas devido ao fato de carregarem tal bagagem extra na vida.

Nada além da arte do desapego o ajudará a estar em um estado mental tranqüilo naquele momento.

Alexandre, o Grande, era um grande guerreiro e líder que tinha conquistado quase um terço do mundo. Ele quis se tornar imperador do mundo inteiro, mas foi derrotado em batalha e caiu doente com uma doença terminal. Alguns dias antes de sua morte, Alexandre chamou seus ministros e explicou como queria ser enterrado. Ele falou que queria que fossem feitas aberturas em ambos os lados de seu caixão, por onde seus braços deveriam ser estendidos com as palmas viradas para cima. Perguntado pelos ministros por que ele queria aquilo, Alexandre respondeu que, dessa forma, todo mundo viria a saber que o grande Alexandre, que lutou a vida inteira para possuir e conquistar o mundo, tinha deixado a vida de mãos totalmente vazias; ele não tinha nem mesmo levado o próprio corpo. Desta forma as pessoas entenderiam como é fútil passar a vida inteira correndo atrás do mundo e de seus objetos.

Afinal de contas, no fim, nós não podemos levar nada conosco, nem mesmo nosso próprio corpo. Então, qual a utilidade de sentir-se apegado demais?

Arte e música

Pergunta: Amma, como músico e artista, gostaria de saber qual deveria ser a minha atitude em relação a minha profissão e como expressar cada vez mais meus talentos musicais.

Amma: A arte é a beleza de Deus manifestada na forma de música, pintura, dança e assim por diante. É um dos modos mais fáceis de perceber a divindade inerente na pessoa. Muitos santos encontraram Deus através da música. Assim, você é abençoado por ser músico. Em relação a sua atitude para com a sua profissão, você deve ser como um principiante, uma criança em frente a Deus, em frente ao divino. Isto o permitirá utilizar as infinitas possibilidades de sua mente. E, em troca, lhe ajudará a manifestar cada vez mais o seu talento musical de uma forma mais intensa.

Pergunta: Mas, Amma, como faço para ser como uma criança, um principiante?

Amma: Quando você aceita e reconhece a sua ignorância, você automaticamente se torna um iniciante.

Pergunta: Eu entendo, mas não sou um total ignorante; sou um músico experiente.

Amma: Quanto tempo de prática você tem?

Pergunta: Estudei música por seis anos e venho tocando há 14 anos.

Amma: Qual o tamanho do espaço?

Pergunta: (parecendo um pouco confuso) Não entendi a pergunta.

Amma: (sorrindo) Você não entendeu a pergunta por que você não entendeu a noção da palavra espaço, não é?

Pergunta: (dando de ombros) Talvez.

Amma: Talvez?

Pergunta: Mas qual a conexão entre a minha pergunta e a senhora me perguntando "Qual o tamanho do espaço?"

Amma: Há uma conexão. A música pura é tão grande quanto o espaço. É Deus. É puro conhecimento. É o segredo que permite que o puro som do universo flua através de você. Você não pode aprender música em 20 anos. Você pode ter cantado durante os últimos 20 anos, mas, para entender a música verdadeiramente, é necessário compreender a música como seu próprio Ser superior. Para perceber a música como seu Ser, você precisa permitir que ela o domine. Para que mais música ocupe o seu coração, você precisa criar mais espaço aí dentro; mais pensamentos significam menos espaço. Agora, pense nisso: "Quanto espaço eu tenho dentro de mim para reservar à pura música?"

Se você deseja mesmo que cada vez mais seus talentos se manifestem, diminua a quantidade de pensamentos desnecessários e dê mais espaço para que a energia da música flua dentro de você.

Fonte de amor

Pergunta: Amma, como a pessoa aprende a ter amor puro e inocente, como a senhora diz?

Amma: Só algo estranho pode ser aprendido, mas o amor é a sua verdadeira natureza. Dentro de você, há uma fonte de amor. Utilize esta fonte do jeito certo e a *shakti* [energia] de amor divino encherá seu coração, expandindo-se eternamente dentro de você. Você não pode fazer isso acontecer; só pode criar a atitude interna certa para que aconteça.

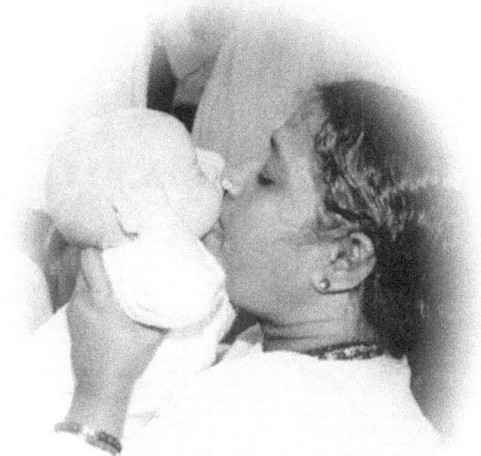

Por que a senhora abraça?

Pergunta: Amma, a senhora abraça todo mundo. Quem a abraça?

Amma: Toda a criação abraça a Amma. Na verdade, a Amma e a criação estão num abraço eterno.

Pergunta: Amma, por que a senhora abraça as pessoas?

Amma: A pergunta é como indagar a um rio: "Por que você flui?"

A cada momento uma lição valiosa

O *darshan* matutino estava acontecendo. A Amma tinha acabado de responder as questões de seus filhos – tinha sido uma longa fila. Com um suspiro profundo, eu estava pronto para dar uma parada, quando um devoto avançou de repente e me entregou uma anotação. Era mais uma pergunta. Para ser muito franco, eu fiquei um pouco aborrecido.

Porém, peguei a anotação dele e indaguei: "Você pode esperar até amanhã? Nós terminamos por hoje".

Ele disse: "É importante. Por que o senhor não pergunta agora?" Eu achei, ou talvez imaginei, que ele estava sendo exigente.

"Tenho que explicar isso a você?" Repliquei.

Ele não se rendeu. "Não, o senhor não é obrigado, mas por que não pode perguntar a Amma? Talvez a Amma esteja ansiosa para responder a minha pergunta".

Neste momento, eu o ignorei e olhei em outra direção. A Amma estava dando os abraços. Nossa discussão aconteceu atrás da cadeira do *darshan*. Nós dois falamos baixo, mas de maneira firme. De repente, a Amma virou-se e me perguntou: "Você está cansado? Sentindo-se sonolento? Você comeu?" Eu fiquei atordoado e, ao mesmo tempo, envergonhado porque ela tinha escutado a conversa. Na realidade, eu tinha sido ingênuo. Eu já deveria saber. Embora a Amma estivesse dando abraços, e nós tivéssemos conversado baixo, seus olhos, ouvidos e corpo inteiro vêem, ouvem e sentem tudo. A Amma continuou: "Se você está cansado, dê uma parada, mas pegue a pergunta do filho primeiro. Aprenda a ter consideração. Não seja obcecado com o que você acredita ser o certo".

Eu me desculpei ao homem e peguei a pergunta dele. A Amma tratou do problema dele com muito amor, e o homem partiu contente. Claro que a pergunta era importante, como ele tinha dito.

Depois que ele partiu, Amma disse: "Olhe, meu filho, quando você reage aos outros, provavelmente você está errado e eles têm razão. Ele ou ela, que está em um melhor estado mental, tem clareza para observar a situação. Reagir o torna cego. Sua reatividade não lhe ajuda a enxergar os outros ou a considerar os seus sentimentos".

"Antes de reagir a uma situação em especial, você deve parar e dizer 'Me dê algum tempo antes de eu lhe responder. Deixeme refletir sobre o que você disse. Talvez você esteja certo, e eu, errado'. Se você tiver coragem para dizer isto, estará, pelo menos, levando em consideração os sentimentos da outra pessoa. Isso evitará muitos eventos desagradáveis no futuro".

Eu tinha aprendido outra valiosa lição da Grande Mestre e estava envergonhado.

Compreendendo um Ser Iluminado

Pergunta: É possível compreender um *Mahatma* com a nossa mente?

Amma: Em primeiro lugar, um *Mahatma* não pode ser compreendido. Ele só pode ser vivenciado. Devido a sua natureza vacilante e indecisa, a mente não pode vivenciar nada do jeito que é, até mesmo um objeto mundano. Por exemplo, quando você quer vivenciar uma flor intensamente, a mente pára, e algo além da mente começa a funcionar.

Pergunta: Amma, a senhora disse: "A mente pára e algo além da mente começa a funcionar". O que isso quer dizer?

Amma: Você pode chamar isso de coração, mas é um estado de profundo silêncio temporário – uma quietude da mente, uma parada no fluxo dos pensamentos.

Pergunta: Amma quando a senhora diz "mente", o que quer dizer? Significa os pensamentos somente ou algo maior?

Amma: A mente inclui a memória, que é o depósito do passado, pensar, duvidar, determinar e o sentimento do "eu".

Pergunta: E com relação a todas as emoções?

Amma: Elas também são parte da mente.

Pergunta: Certo, então quando a senhora diz "a mente não pode compreender um *Mahatma*", a senhora quer dizer que esse mecanismo complexo não pode compreender o estado no qual um *Mahatma* está estabelecido.

Amma: Sim. A mente humana é muito imprevisível e enganadora. É muito importante que um buscador da verdade saiba que ele não pode reconhecer um *Satguru* [verdadeiro mestre]. Não há nenhum critério para se fazer isso. Um bêbado pode reconhecer outro bêbado. Igualmente, dois jogadores entenderão um ao outro. Um pão-duro pode reconhecer outro. Todos eles são do mesmo calibre mental. Mas nenhum critério serve para reconhecer um *Satguru*. Nem nossos olhos externos nem nossa mente podem ver um grande ser. É necessário um treinamento especial para isso, que é *sadhana* [prática espiritual]. Somente um *sadhana* constante nos ajudará a ganhar a força de penetrar além da superfície da mente. Uma vez que você atravesse a superfície da mente, será confrontado com incontáveis camadas de emoções e pensamentos. Para atravessar todos estes níveis complicados e sutis da mente e ir mais além, o *sadhak* [aspirante espiritual] precisa da orientação contínua de um *Satguru*. Entrar nos níveis mais profundos da mente, atravessar as diferentes camadas e sair disso tudo com sucesso é chamado de *tapas* [austeridade]. Só se consegue isso, inclusive a transcendência final, com a graça incondicional de um *Satguru*.

A mente sempre tem expectativas. A própria existência da mente é baseada na expectativa. Um *Mahatma* não obedecerá às expectativas e desejos da mente. Para vivenciar a pura consciência de um Mestre, essa natureza da mente tem que desaparecer.

Amma: a energia inesgotável

Pergunta: Amma, a senhora jamais quis parar o trabalho que desempenha?

Amma: O que a Amma faz não é nenhum trabalho; é adoração. Há somente puro amor na adoração. Então, não é nenhum trabalho. A Amma está adorando seus filhos como a Deus. Filhos, vocês são todos o Deus da Amma.

O amor não é complexo; ele é simples, espontâneo e, de fato, nossa natureza essencial. Então, não é nenhum trabalho. Para a Amma, este modo de abraçar seus filhos pessoalmente é o modo mais simples de expressar seu amor por eles e por toda a criação. Trabalho é algo enfadonho que dissipa a energia; enquanto que o amor nunca pode ser enfadonho ou tedioso. Pelo contrário, o amor continua enchendo seu coração com cada vez mais energia. O amor puro faz você se sentir leve como uma flor. Você não sentirá qualquer peso ou fardo. O ego cria o fardo.

O sol nunca deixa de brilhar; o vento também continua a soprar pela eternidade; e o rio nunca deixa de correr, dizendo: "Basta! Eu tenho feito o mesmo trabalho por décadas; agora está na hora de uma mudança". Não, eles não podem parar nunca. Eles continuarão enquanto o mundo existir, porque essa é a sua natureza. Igualmente, a Amma não pode deixar de dar amor aos seus filhos, porque ela nunca se entedia de amá-los.

O tédio só acontece quando não há nenhum amor. Então você quer continuar mudando, indo de um lugar a outro, de um objeto para outro. Por outro lado, nada envelhece quando há amor. Tudo permanece eternamente novo e fresco. Porém, para a Amma, o momento presente é muito mais importante do que o que precisa ser feito amanhã.

Pergunta: Isto significa que a senhora continuará a dar seus abraços pelos próximos anos?

Amma: Enquanto estas mãos puderem mover-se um pouco para alcançar aqueles que vierem a ela, e enquanto houver um pouquinho de força e energia para colocar as mãos no ombro de uma pessoa que chora, afagá-la e enxugar suas lágrimas, a Amma continuará dando *darshan*. O desejo da Amma é afagar as pessoas amorosamente, consolar e enxugar suas lágrimas até o fim desta vida. A Amma vem dando *darshan* há 35 anos. Graças ao *Paramatman* [Alma Suprema], até agora a Amma não teve que cancelar um único *darshan* ou programa devido a qualquer doença física. A Amma não se preocupa com o próximo momento. O amor está no presente, a felicidade está no presente, Deus está no presente, e a iluminação, também. Assim, por que se preocupar desnecessariamente com o futuro? O que está acontecendo agora é mais importante do que o que vai acontecer. Quando o presente é tão belo e pleno, por que se preocupar com o futuro? Deixe o futuro se desdobrar por si mesmo, a partir do presente.

Encontrado o filho perdido

D r. Jaggu é morador do *ashram* da Amma na Índia. Recentemente, a família dele lhe deu dinheiro para que pudesse viajar com a Amma pela Europa. Quando ele conseguiu o visto, já era tarde, e a Amma já havia deixado a Índia com seu grupo. Porém, nós todos estávamos contentes porque Jaggu ia nos encontrar em Antuérpia, Bélgica. Era a primeira viagem de Jaggu para fora da Índia, e ele nunca tinha viajado de avião antes. Assim, nós fizemos todos os preparativos para buscá-lo com antecedência no aeroporto. Os devotos ficaram esperando do lado de fora do aeroporto com o carro, mas Jaggu não apareceu. As autoridades de aeroporto confirmaram que um passageiro de nome Jaggu estivera no vôo Londres-Heathrow e que ele havia aterrissado no Aeroporto Internacional de Bruxelas às 16h. O vôo tinha aterrissado há quatro horas, contudo não havia nenhuma informação do Dr. Jaggu. Com a ajuda de funcionários do aeroporto, os devotos locais procuraram cuidadosamente por todo o aeroporto. O sistema de avisos do aeroporto anunciou várias vezes o nome de Jaggu. Não havia nenhuma resposta e nenhum sinal de Jaggu em lugar algum. Finalmente, todo mundo começou a acreditar que o Dr. Jaggu tinha se perdido em algum lugar – no aeroporto gigantesco ou na cidade de Bruxelas, em uma tentativa desesperada de chegar ao programa de qualquer maneira.

Enquanto isso, Amma estava alegremente praticando novos *bhajans*, sentada calmamente no meio do grupo. Como todos se sentiam um tanto preocupados e ansiosos com o desaparecimento inesperado de Jaggu, eu dei a notícia à Amma no meio do cântico. Esperei que ela expressasse alguma preocupação maternal, mas, para minha surpresa, Amma virou-se e simplesmente disse: "Vamos, cante a próxima canção". Para mim, este era um sinal positivo. Ao ver a Amma serena, mesmo numa situação como aquela, eu disse aos devotos: "Eu acho que o Jaggu não corre perigo, porque a Amma está muito calma. Caso houvesse algum problema, ela certamente estaria mais preocupada".

Poucos minutos depois, *Brahmacharin* Dayamrita apareceu e avisou: "Jaggu apareceu no portão da frente". Quase na mesma hora, Dr. Jaggu entrou com um sorriso grande estampado em seu rosto pequeno.

Porém, pela história de aventuras narrada por Jaggu, ele realmente tinha se perdido. Ele disse: "Quando saí do aeroporto, não havia ninguém lá. Eu não sabia o que fazer. Embora eu estivesse um pouco preocupado, tinha fé que a Amma enviaria alguém para me ajudar naquela situação totalmente nova pra mim. Felizmente, eu tinha o endereço de onde seria o programa. Um casal teve pena de mim e me ajudou a chegar aqui".

Amma disse: "A Amma sabia que você estava bem e que você nos encontraria. Por isso a Amma ficou tranqüila quando eles contaram que você havia se perdido".

Mais tarde naquela noite, eu perguntei a Amma como ela sabia que Jaggu não corria perigo. Ela disse: "A Amma simplesmente sabia".

"Mas como?" Minha curiosidade falava mais alto.

A Amma respondeu: "Da mesma forma que você vê a sua própria imagem em um espelho, a Amma podia vê-lo em segurança".

Eu perguntei: "A senhora viu o Jaggu pedindo ajuda ou a senhora fez com que o casal o ajudasse?"

A Amma não disse mais nada sobre o assunto, embora eu ainda tivesse insistido mais algumas vezes.

Violência

Pergunta: Amma, a guerra e a violência podem algum dia ser um meio de conquistar a paz?

Amma: A guerra não servirá como um meio para alcançar a paz. Esta é uma verdade absoluta que a história nos mostrou. A menos que uma transformação aconteça na consciência das pessoas, a paz permanecerá distante. Somente um modo de pensar e um estilo de vida espiritualizado trarão esta transformação. Por isso, nós nunca seremos capazes de consertar uma situação em particular por meio da guerra.

Paz e violência são opostos. A violência é uma reação forte e não uma resposta. A reação dispara mais reações. Esta lógica é simples. A Amma ouviu dizer que na Inglaterra havia um modo estranho de punir os ladrões. Eles levavam o culpado até a estrada, o deixavam nu e o açoitavam em frente à multidão.

O propósito era mostrar à cidade inteira o castigo severo que as pessoas receberiam se cometessem um crime. Porém, logo eles tiveram que mudar este sistema, porque esses eventos criaram uma oportunidade maravilhosa para os batedores de carteiras. Eles aproveitavam o tempo para esvaziar os bolsos dos que ficavam grudados na cena. O próprio terreno do castigo se tornou um celeiro para o crime.

Pergunta: Isto quer dizer que não deveria haver castigo de nenhum tipo?

Amma: Não, não, nada disso. Como a maioria da população mundial não sabe usar a liberdade de modo a beneficiar a sociedade, certa parcela de medo é necessária – "Eu serei castigado, se eu não obedecer à lei". Porém, escolher o caminho da violência e da guerra para que uma sociedade tenha paz e harmonia não terá efeito duradouro. Simplesmente porque a violência cria feridas profundas e mágoas na sociedade, que irá responder com mais violência e conflitos posteriormente.

Pergunta: Então, qual a solução?

Amma: Faça tudo o que for preciso para expandir a sua consciência individual. Somente uma consciência desenvolvida é capaz de um verdadeiro entendimento. Somente tais pessoas poderão mudar a perspectiva da sociedade. Por isso que a espiritualidade é tão importante no mundo de hoje.

O problema é a ignorância

Pergunta: Existe alguma diferença entre os problemas das pessoas na Índia e no Ocidente?

Amma: De um ponto de vista externo, os problemas das pessoas na Índia e no Ocidente são diferentes. Porém, o problema fundamental, a raiz de todos os problemas em todos lugares do mundo, é somente um e o mesmo: a ignorância, a ignorância sobre o *Atman* [Eu superior], sobre a nossa natureza essencial.

Muita preocupação com a segurança física e muito pouca preocupação com a segurança espiritual é a característica do mundo de hoje. Este foco deve mudar. A Amma não está dizendo que as pessoas não deveriam cuidar de seus corpos e de sua existência física. Não, este não é o ponto. Porém, o problema básico é a confusão sobre o que é permanente e o que é impermanente. Ao impermanente, que é o corpo, é dada muita importância, e o permanente, que é o *Atman*, fica completamente esquecido. Essa atitude deve mudar.

Pergunta: A senhora vê possibilidades de mudança em nossa sociedade?

Amma: As possibilidades estão sempre presentes. A pergunta relevante é se a sociedade e os indivíduos estão dispostos a mudar. Em uma sala de aula, todos os alunos recebem a mesma oportunidade. Porém, o quanto um aluno aprende depende da receptividade dele. No mundo de hoje, todos querem que os outros mudem primeiro. É difícil encontrar pessoas que pensem que elas próprias têm que passar por uma mudança. Em vez de pensar que os outros deveriam mudar primeiro, cada indivíduo deveria se esforçar para mudar a si próprio. A menos que uma transformação aconteça no mundo interior, as coisas permanecerão mais ou menos as mesmas no mundo exterior.

Interpretando a humildade

A um devoto que perguntou sobe a humildade:

Amma: Normalmente, quando nós dizemos: "Aquela pessoa é muito humilde", simplesmente significa que "ela apoiou meu ego e me ajudou a mantê-lo intacto, ileso. Eu queria que ela fizesse uma coisa para mim, e ela fez sem reclamar. Então, ela é uma pessoa muito humilde". Isto é o que aquela afirmação realmente significa. Porém, no momento em que a "pessoa humilde" abre a boca e nos questiona, mesmo se for por uma boa causa, nossa opinião muda. Nós dizemos: "Ela não é tão humilde quanto pensei". Isso indica que "Ela feriu meu ego e, portanto, ela não é tão humilde."

Nós somos especiais?

Pergunta: Amma, a senhora acha que os americanos são pessoas especiais?

Amma: Para a Amma, toda a raça humana, toda a criação é muito especial, porque a divindade está dentro de cada pessoa. A Amma enxerga essa divindade dentro das pessoas. Logo, todos vocês são especiais.

Auto-ajuda ou auto-ajuda

Pergunta: Os métodos e os livros de auto-ajuda se tornaram muito populares na sociedade Ocidental. Amma, a senhora poderia compartilhar sua opinião sobre isso conosco?

Amma: Tudo depende de como a pessoa interpreta a auto-ajuda.

Pergunta: O que a senhora quer dizer?

Amma: É auto-ajuda ou Auto-ajuda?

Pergunta: Qual é a diferença?

Amma: A verdadeira Auto-ajuda está em ajudar seu coração a desabrochar; enquanto que a auto-ajuda fortalece o ego.

Pergunta: Então, qual é a sua sugestão, Amma?

Amma: "Aceite a verdade", é o que a Amma diria.

Pergunta: Eu não entendo.

Amma: Isso é o que o ego faz: ele não permite que você aceite a verdade ou compreenda qualquer coisa de maneira correta.

Pergunta: Como eu posso enxergar a verdade?

Amma: Para enxergar a verdade, você precisa enxergar a ilusão primeiro.

Pergunta: O ego é realmente uma ilusão?

Amma: Você aceitará se a Amma disser que sim?

Pergunta: Hum... se a senhora quiser.

Amma: (rindo) Se a Amma quiser? A pergunta é: você quer ouvir e aceitar a verdade?

Pergunta: Sim, eu quero ouvir e aceitar a verdade.

Amma: Então a verdade é Deus.

Pergunta: Isso significa que o ego é fictício, não é?

Amma: O ego é fictício. Ele é o problema em você.

Pergunta: Então todo mundo carrega este problema onde quer que vá?

Amma: Sim, os humanos estão se tornando problemas ambulantes.

Pergunta: Então, qual é o próximo passo?

Amma: Se você quiser fortalecer o ego, ajude o seu eu a se tornar mais forte. Se você quiser Auto-ajuda, busque a ajuda de Deus.

Pergunta: Muitas pessoas têm medo de perder seus egos. Elas acham que o ego é a base para suas existências no mundo.

Amma: Se você realmente quiser buscar a ajuda de Deus para descobrir seu Verdadeiro Ser, você não precisa ter medo de perder seu ego, o "pequeno ser".

Pergunta: Em contrapartida, quando fortalecemos o ego, temos ganhos mundanos imediatos e precisos. Já quando perdemos o nosso ego, a experiência não é tão precisa e imediata.

Amma: Por isso a fé é tão importante no caminho para o Verdadeiro Ser. Para que tudo funcione corretamente e produza o resultado certo, deve-se estabelecer o contato correto e utilizar as fontes certas. No que diz respeito à espiritualidade, o ponto do contato e a fonte estão no interior. Toque neste ponto e terá uma experiência precisa e imediata.

O ego é somente uma pequena chama

Amma: O ego é uma chama muito pequena que pode ser apagada a qualquer momento.

Pergunta: Como a senhora define o ego nesse contexto?

Amma: Tudo aquilo que você acumula – nome, fama, dinheiro, poder, posição – é combustível para nada além da pequena chama do ego, que pode ser extinta a qualquer momento. Até mesmo o corpo e a mente são partes do ego. Todos eles são efêmeros por natureza; logo, eles também fazem parte desta chama insignificante.

Pergunta: Mas, Amma, essas coisas são importantes para um ser humano normal.

Amma: Claro que elas são importantes. O que não significa que sejam permanentes. Elas são triviais, porque são efêmeras. Você pode perdê-las a qualquer momento. O tempo as tomará de você sem aviso prévio. Usá-las e desfrutá-las está correto, mas considerá-las permanentes é uma falsa percepção. Em outras palavras, compreenda-as como algo passageiro e não se sinta muito orgulhoso delas.

A coisa mais importante da vida é construir a sua conexão interna com o permanente e inalterável, com Deus. Deus é a fonte, o verdadeiro centro de nossa vida e existência. Tudo o mais é periferia. A verdadeira Auto-ajuda só acontece quando você estabelece a sua conexão com Deus, que é o verdadeiro *bindu* [centro], e não com a periferia.

Pergunta: Amma, nós ganhamos alguma coisa quando extinguimos essa pequena chama do ego? Pelo contrário, nós podemos até perder a nossa identidade como indivíduo.

Amma: Claro que, ao extinguir a chama do ego, você perderá a sua identidade como um indivíduo pequeno e limitado. Não obstante, isso não é absolutamente nada comparado ao que você ganha com esta aparente perda – o sol do puro conhecimento, a luz inextinguível. Quando você perde a sua identidade como um ser pequeno e limitado, você também se torna um com o maior dos maiores, o universo, a consciência incondicional. Para que esta experiência aconteça, você precisa da orientação constante de um *Satguru* [verdadeiro mestre].

Pergunta: Perder a minha identidade! Não é uma experiência assustadora?

Amma: É só a perda do pequeno eu. Nosso Verdadeiro Ser nunca poderá ser perdido. Parece assustador porque você está muito identificado com o seu ego. Quanto maior o ego, mais assustado e vulnerável você fica.

Imprensa

Jornalista: Amma, qual a sua opinião sobre a imprensa e a mídia?

Amma: Minha opinião é muito boa, se exercerem suas responsabilidades para com a sociedade com honestidade e veracidade. Elas fazem um grande serviço à humanidade.

A Amma ouviu uma história: Uma vez, um grupo de homens foi enviado a uma floresta para trabalhar durante um ano. Duas mulheres foram selecionadas para cozinhar para eles. Ao término do contrato, dois trabalhadores do grupo se casaram com as mulheres. No dia seguinte, o jornal deu as notícias quentes: "Dois por cento de homens se casam com 100 por cento das mulheres!"

O jornalista gostou da história e riu.

Amma: Esse tipo de matéria é correto se for por humor, mas não como uma matéria honesta.

O chocolatinho e o terceiro olho

Um devoto estava cochilando enquanto tentava meditar. A Amma, então, lançou-lhe um chocolatinho com perfeita pontaria. O chocolate atingiu o homem bem no meio de suas sobrancelhas, e ele abriu os olhos, surpreso. Com o chocolate nas mãos, o homem olhou ao redor para saber de onde tinha vindo. Vendo sua confusão, a Amma caiu na gargalhada. Quando ele se deu conta que a Amma havia atirado o chocolate, seu rosto ficou vermelho. Ele tocou o chocolate em sua testa, como se o reverenciasse. Depois, riu alto, levantou-se e dirigiu-se à Amma.

Pergunta: O chocolate me atingiu no lugar certo, entre as sobrancelhas, o centro espiritual. Talvez me ajude a abrir o terceiro olho.

Amma: Isto não o ajudará.

Pergunta: Por quê?

Amma: Porque você disse "talvez", o que significa que você está em dúvida. Sua fé não é plena. Como pode acontecer se você não tem fé?

Pergunta: Então a senhora está dizendo que poderia acontecer se eu tivesse uma fé plena?

Amma: Sim. Se você tiver plena fé, a realização pode acontecer em qualquer momento, em qualquer lugar.

Pergunta: A senhora fala sério?

Amma: Sim, lógico.

Pergunta: Ai, meu Deus... eu perdi uma grande oportunidade!

Amma: Não se preocupe, fique atento e alerta. Outras oportunidades virão. Seja paciente e continue tentando.

O homem ficou meio decepcionado e virou-se para andar de volta ao seu lugar.

Amma: (batendo nas costas do homem) A propósito, por que você riu alto?

Ao ouvir a pergunta, o homem caiu na gargalhada novamente e respondeu:

Enquanto eu cochilava na meditação, tive um sonho maravilhoso. Eu vi a senhora atirando um chocolate Kiss para me acordar. Eu acordei de repente. Eu levei algum tempo para perceber que a senhora realmente havia atirado um chocolate Kiss.

A Amma e todos os devotos caíram na gargalhada junto com o homem.

A natureza da iluminação

Pergunta: A senhora tem alguma preocupação ou alegria em especial?

Amma: Exteriormente, a Amma está preocupada com o bem-estar de seus filhos. E, para ajudar seus filhos a crescer espiritualmente, às vezes ela pode até ficar contente ou aborrecida com eles. Porém, interiormente, a Amma é inalterada e impassível, permanecendo em um estado de constante felicidade e paz. Ela não é afetada por nada que aconteça externamente, por estar inteiramente consciente da realidade maior.

Pergunta: O estado de permanência definitivo é descrito com muitos adjetivos. Por exemplo: inabalável, firme, imóvel, inalterável, etc. Parece que é um estado sólido, como uma pedra. Amma, por favor, me ajude a entender isso melhor.

Amma: Essas palavras são usadas para expressar o estado interior de desapego, a capacidade de assistir a tudo como uma testemunha – distanciando-se de todas as circunstâncias da vida. Porém, a iluminação não é um estado como uma rocha, no qual a pessoa perde todos os seus sentimentos interiores. É um estado mental, uma conquista espiritual, para o qual você pode se recolher e permanecer absorto sempre que quiser. Depois que você utiliza esta fonte infinita de energia, sua capacidade de sentir e expressar tudo ganha uma beleza e intensidade especial – sobrenatural. Uma pessoa iluminada pode expressar suas emoções em qualquer intensidade que deseje.

Sri Rama chorou quando o rei dos demônios, Ravana, seqüestrou sua consorte sagrada, Sita. Sofrendo como um ser humano mortal, ele perguntou a cada criatura da floresta: "Você viu minha Sita? Onde ela foi, me deixando só?" Os olhos de Krishna estavam cheios d'água quando ele viu seu querido amigo Sudama depois de muito tempo. Incidentes semelhantes também aconteceram nas vidas de Cristo e Buda. Esses *Mahatmas* eram tão vastos quanto o espaço e, portanto, podiam manifestar qualquer emoção que quisessem. Eles eram reflexivos, não reativos.

Pergunta: Reflexivos?

Amma: Como um espelho, os *Mahatmas* respondem às situações com perfeita espontaneidade. Comer quando se tem fome é uma resposta. Porém, comer sempre que se vê comida é uma reação e também uma doença. O que um *Mahatma* faz é responder a uma situação particular sem ser afetado por ela, e depois mover-se para o próximo momento.

Sentir e expressar emoções e compartilhá-las com franqueza e sem reservas faz aumentar o esplendor e a glória espirituais de um Ser Iluminado. Está errado enxergar isso como uma fraqueza. Ao invés disso, essa atitude deveria ser vista como uma expressão de sua compaixão e amor de uma forma mais humana. Caso contrário, como os humanos normais poderiam entender a preocupação e amor deles?

O observador

Pergunta: O que nos impede de sentir Deus?

Amma: A sensação de diferença.

Pergunta: Como podemos removê-la?

Amma: Tornando-nos cada vez mais atentos e conscientes.

Pergunta: Conscientes do quê?

Amma: Conscientes de tudo o que acontece interna e externamente.

Pergunta: Como nos tornamos mais atentos?

Amma: A consciência se dá quando você compreende que tudo o que a mente projeta carece de sentido.

Pergunta: Amma, as escrituras dizem que a mente é inerte, mas a senhora diz que a mente projeta. Isto parece contraditório. Como a mente pode projetar, se ela é inerte?

Amma: Da mesma maneira que as pessoas, especialmente as crianças, enxergam formas diferentes no céu. Ao olhar o céu, as criancinhas dizem: "Tem uma carruagem, e lá vai um demônio. Oh! Olhe a face brilhante daquele ser celestial!" E assim por diante. Isso significa que estas formas estão realmente no céu? Não, as crianças estão simplesmente imaginando essas formas no céu. Na verdade, as nuvens é que assumem diferentes formas. O céu, o espaço infinito, simplesmente está ali; todos os nomes e formas são sobrepostos a ele.

Pergunta: Mas se a mente é inerte, como ela pode esconder ou se sobrepor ao *Atman*?

Amma: Embora pareça que a mente está enxergando, o verdadeiro observador é o *Atman*. As tendências acumuladas, que incluem a mente, são como um par de óculos. Todas as pessoas estão usando óculos coloridos diferentes. Dependendo da cor dos óculos, nós vemos e julgamos o mundo da maneira correspondente. Por trás desses óculos, o *Atman* permanece imóvel, como uma testemunha, simplesmente iluminando todas as coisas com a sua presença. Mas nós confundimos a mente com o *Atman*. Suponha que nós usemos um par de óculos cor-de-rosa – não vemos o mundo inteiro cor-de-rosa? Aqui, quem é o verdadeiro observador? "Nós" somos o verdadeiro observador, e o par de óculos é inerte, não é?

Nós não poderemos ver o sol se estivermos atrás de uma árvore. Isso significa que a árvore é capaz de esconder o sol? Não, simplesmente mostra as limitações de nossos olhos e visão. A idéia que a mente pode esconder o *Atman* é parecida.

Pergunta: Se nós somos da natureza do *Atman*, por que devemos nos esforçar para conhecê-lo?

Amma: Os humanos têm a noção errada de que podem conseguir tudo através do esforço. Na realidade, o esforço é o orgulho dentro de nós. Em nossa viagem a Deus, todos os esforços que se originam do ego sucumbirão e resultarão em fracasso. Isso, de fato, é uma mensagem divina, a mensagem da necessidade de entrega e de graça. Isso acaba nos ajudando a perceber as limitações de nossos esforços, de nosso ego. Em resumo, o esforço nos ensina que somente através dele nós não atingiremos nossas metas. No final das contas, a graça é o elemento determinante.

Quer estejamos lutando pela realização de Deus ou pela realização de desejos mundanos, a graça é o fator que permite alcançar a meta.

Inocência é a shakti divina

Pergunta: Uma pessoa inocente é uma pessoa fraca?

Amma: "Inocência" é uma palavra muito mal interpretada. Ela é até usada para se referir a pessoas tímidas e sem reação. As pessoas ignorantes e analfabetas também são normalmente consideradas inocentes. Ignorância não é nenhuma inocência. A ignorância é falta de amor verdadeiro, de discernimento e compreensão, enquanto que a verdadeira inocência é puro amor dotado de discernimento e compreensão; é *shakti* [energia divina]. Até mesmo em uma pessoa tímida, há ego. Uma pessoa verdadeiramente inocente é uma pessoa sem nenhum ego; portanto ela é a pessoa mais poderosa.

A *Amma não pode*
ser de outro jeito

Amma (a uma devota durante o *darshan*): O que você está pensando?

Devota: Eu estava pensando em como a senhora pode ficar sentada por tanto tempo, sem parar, com absoluta paciência e alegria.

Amma: (rindo) Filha, como você consegue pensar incessantemente, sem interrupções?

Devota: Acontece e pronto. Não pode ser de outro jeito.

Amma: Então essa é a resposta: acontece e pronto, a Amma não pode ser de outro jeito.

Igual a reconhecer a sua amada

U m homem fez uma pergunta à Amma a respeito da atitude do amante que tem um aspirante espiritual no caminho da devoção.

Amma: O amor pode acontecer em qualquer lugar e a qualquer hora. É como reconhecer a sua amada no meio de uma multidão. Você a vê em um canto com milhares de outras pessoas, mas seus olhos vêem somente ela. Você a reconhece, comunica-se com ela e apaixona-se, não é assim? Você não pensa; o pensamento pára e, de repente, por uns momentos, você está no coração. Está apaixonado. De maneira semelhante, tudo acontece em uma fração de segundo. Você fica bem aí, no centro de seu coração, que é puro amor.

Pergunta: Se este é o verdadeiro centro do amor, então o que nos distrai e nos distancia deste ponto?

Amma: A possessividade – em outras palavras, o apego. Ele mata a beleza dessa existência imaculada. Quando o apego se apodera, você se perde, e o amor se transforma em sofrimento.

A sensação de separação

Pergunta: Eu atingirei o *samadhi* [iluminação] nesta vida?

Amma: Por que não?

Pergunta: Então, o que devo fazer para acelerar esse processo?

Amma: Primeiramente, esqueça o *samadhi* e se concentre somente no seu *sadhana* [prática spiritual], com toda a sua fé. Um verdadeiro *sadhak* [aspirante espiritual] crê mais no presente do que no futuro. Quando concentramos a nossa fé no momento presente, toda a nossa energia também está no aqui e agora. A conseqüência será a entrega. Entregue-se ao momento presente, e o resto virá.

Quando você se distancia de sua mente, tudo acontece de forma natural, e você fica completamente focado no presente. A mente é o "outro" em você; é ela que cria a sensação de separação.

A Amma conta uma história: Um renomado arquiteto tinha diversos alunos. Com um deles, contudo, tinha uma relação muito peculiar. O profissional não realizava nenhum trabalho até que conseguisse a aprovação daquele aluno. Se este não aprovasse um projeto ou esboço, o professor não dava continuidade ao trabalho; ele começava tudo novamente até que recebesse a aprovação do pupilo. O arquiteto era obcecado em receber aprovação de seu aluno e não dava um passo sem que ele dissesse: "Ok, professor, pode seguir adiante com seu projeto".

Certa vez, eles foram convidados a desenhar a porta de um templo. O arquiteto desenhou diversos projetos e, como sempre, os mostrou ao seu aluno, que reprovou todos os projetos apresentados. Então, o arquiteto trabalhou dia e noite criando centenas de novos projetos, mas o aluno não gostava de nenhum deles. O tempo já se esgotava quando o arquiteto pediu ao rapaz para sair e recarregar sua caneta. O aluno levou certo tempo para retornar e, enquanto isso, o arquiteto se dedicou a outro desenho do projeto. Quando ele retornou, o arquiteto mostrou-lhe seu novo projeto e perguntou: "Que tal?"

"É isso!", disse o aluno animado.

"Agora eu entendo!", respondeu o arquiteto. "Eu estava obcecado com a sua presença e sua opinião. Por isso, nunca estive 100% dedicado ao que estava fazendo. Mas quando você saiu, eu me senti livre, tranqüilo e completamente entregue ao momento presente. E assim o projeto foi criado."

Na verdade não foi a presença do discípulo que bloqueou o arquiteto, mas sim o seu vínculo com as opiniões do aluno.

Quando conseguiu se distanciar desse vínculo, ele subitamente se concentrou no momento presente e conseguiu uma criação genuína.

Pensar que o *samadhi* é algo que acontecerá no futuro faz com que você fique sentado, sonhando com esse momento. Com isso você acaba desperdiçando muita *shakti* [energia divina]. Canalize essa *shakti* de maneira correta – use essa energia para focar-se no momento presente – e então a meditação ou o *samadhi* acontecerá, quando você menos esperar. O objetivo não está no futuro, mas sim no presente. Estar no presente é o verdadeiro *samadhi*, e isso é a verdadeira meditação.

Deus é masculino ou feminino?

Pergunta: Amma, Deus é masculino ou feminino?

Amma: Deus não é uma coisa nem outra. Deus está muito além dessas definições limitadas, pois ele não tem gênero, é "Aquilo". Mas se você precisar definir Deus como ele ou ela, use a palavra "ela", pois, em inglês, a palavra "she" (ela) engloba "he" (ele).

Pergunta: Essa resposta pode aborrecer alguns homens, pois coloca as mulheres numa posição mais elevada.

Amma: Nem o homem nem a mulher devem ser colocados numa posição mais elevada que o outro, uma vez que Deus deu um adorável lugar a cada um. O homem e a mulher não foram criados para competirem entre si, mas para se completarem mutuamente.

Pergunta: O que quer dizer com "completar"?

Amma: Significa dar apoio um ao outro para que possam caminhar juntos em direção à perfeição.

Pergunta: Amma, a senhora não acha que os homens se sentem superiores às mulheres?

Amma: Tanto o sentimento de que "eu sou superior" quanto o de "eu sou inferior" são produtos do ego. Se os homens pensam: "Nós somos superiores às mulheres", isso mostra o quanto seus egos são inflados, o que é destrutivo e certamente uma grande fraqueza. Da mesma forma, se as mulheres se sentem inferiores aos homens, isso mostra que elas pensam: "Atualmente, somos inferiores, mas queremos ser superiores."

O que mais pode isso ser além de ego? Ambos os pensamentos são inapropriados e demonstram atitudes não saudáveis, que só farão aumentar as diferenças entre homens e mulheres. Se não superarmos essas diferenças dando o devido respeito e amor para homens e mulheres, o futuro da humanidade ficará cada vez mais sombrio.

A espiritualidade cria o equilíbrio

Pergunta: Amma, quando a senhora disse que Deus está mais para "ela" que para "ele", a senhora quis se referir à aparência externa?

Amma: Não, não se trata da aparência externa. É a realização interna que importa. Existe uma mulher dentro de cada homem e vice-versa. A mulher – o verdadeiro amor e compaixão – dentro de cada homem deve ser despertada. Esse é o significado do *Ardhanarishwara* [deidade de ambos os sexos] na fé hindu. Se o aspecto feminino dentro de uma mulher estiver adormecido, ela não é uma mãe e está distante de Deus. Mas se o mesmo aspecto estiver despertado dentro de um homem, ele estará mais perto de ser como uma mãe e mais perto de Deus. Isso também se aplica ao aspecto masculino. Todo o propósito da espiritualidade é criar um equilíbrio adequado entre o masculino e o feminino. Portanto, o despertar interior da consciência é mais importante do que a aparência externa.

Apego e amor

Um homem de meia-idade estava contando à Amma como ficou triste quando se divorciou.

Pergunta: Amma, eu a amava tanto e fiz tudo para fazê-la feliz. Ainda assim, essa tragédia se abateu sobre mim. Às vezes, fico arrasado. Por favor, me ajude. O que devo fazer? Como superar essa dor?

Amma: Filho, eu entendo sua dor e sofrimento. É difícil superar situações deprimentes como essa. Entretanto, é importante que você tenha uma compreensão correta sobre o que está vivenciando, principalmente porque isso se tornou um bloqueio em sua vida. A coisa mais importante para você pensar é se essa dor é resultado de um verdadeiro amor ou de um apego. No amor verdadeiro, não há dor autodestrutiva, porque simplesmente você ama o outro e não o vê como sua propriedade. Possivelmente você está muito apegado à sua ex-esposa ou então é muito possessivo. A tristeza e os pensamentos depressivos estão surgindo disso.

Pergunta: Neste caso, há um método ou técnica simples para superar essa dor autodestrutiva?

Amma: "Amo verdadeiramente essa pessoa ou estou muito apegado a ela?" Pergunte-se sobre isso tão intensamente quanto possível. Reflita sobre isso. Logo você irá perceber que o amor da maneira como nós conhecemos é realmente um apego. Muitas pessoas estão obcecadas em encontrar esse apego e não um amor verdadeiro. Então, a Amma diria que isso é uma ilusão; que, de certo modo, nós estamos traindo a nós mesmos. Nós confundimos apego com amor. O amor está no centro, e o apego está na periferia. Esteja no centro e se desapegue da periferia, e então a dor irá embora.

Pergunta (num tom de confissão): A senhora está certa. Eu reconheço que meu maior sentimento em relação à minha ex-esposa era apego e não amor, como a senhora explicou.

Amma: Se você identificou a origem de sua dor, então a deixe partir e seja livre. A doença foi diagnosticada, e a parte infectada foi encontrada. Agora, é hora de removê-la. Por que você quer carregar esse fardo desnecessário? Simplesmente jogue-o fora.

Como superar os perigos da vida

Pergunta: Amma, como posso identificar os perigos iminentes da vida?

Amma: Você tem que aumentar o seu poder de discernimento.

Pergunta: Discernimento é o mesmo que sutileza da mente?

Amma: Discernimento é a capacidade da mente de se manter atenta ao presente.

Pergunta: Mas Amma, como isso pode me alertar de perigos futuros?

Amma: Se estiver atento ao presente, enfrentará menos perigos no futuro. Contudo, você não pode evitar ou prevenir todos os problemas.

Pergunta: O *jyotish* [astrologia védica] nos ajuda a compreender melhor o futuro e, como conseqüência, nos ajuda a evitar possíveis perigos?

Amma: Até mesmo os adeptos dessa prática passam por períodos difíceis na vida. Existem astrólogos que têm muito pouco discernimento e intuição. Essas pessoas colocam as próprias vidas em perigo, e as de outras também. Não é o conhecimento sobre astrologia ou o fato de fazer um mapa astrológico que livrará alguém dos perigos da vida. O que realmente ajuda uma pessoa a ter mais paz e menos problemas é uma maior compreensão da vida e discernimento frente às diferentes situações.

Pergunta: Discernimento e compreensão são a mesma coisa?

Amma: Sim, eles são a mesma coisa. Quanto mais você possui discernimento, mais compreensão você adquire e vice-versa. Quanto maior a sua capacidade de se manter no presente, maior será o seu poder de observação e, logo, mais revelações terá, recebendo mais mensagens divinas. Cada momento traz mensagens para você. Se estiver aberto e receptivo, será capaz de senti-las.

Pergunta: Amma, a senhora está dizendo que essas revelações nos ajudarão a reconhecer possíveis problemas futuros?

Amma: Sim, você obterá indícios e sinais a partir dessas revelações.

Pergunta: Que tipos de indícios e sinais?

Amma: Como você sabe que terá uma enxaqueca? Você se sente muito desconfortável e começa a ver círculos escuros, não é? Quando os sintomas se manifestam, você toma os medicamentos corretos, que aliviam o problema. Da mesma forma, antes das derrotas e perigos da vida se manifestarem, alguns sinais irão aparecer.

Geralmente as pessoas não os percebem, mas, se você tiver uma mente mais aberta e receptiva, poderá percebê-los e tomar as medidas necessárias para superá-los.

Amma certa vez ouviu a seguinte piada: um jornalista estava entrevistando um empresário bem sucedido. O repórter perguntou: "Senhor, qual o segredo por trás do sucesso?"

Empresário: "Duas palavras."

Jornalista: "Quais são?"

Empresário: "Decisões corretas."

Jornalista: "Como o senhor toma as decisões corretas?"

Empresário: "Uma palavra."

Jornalista: "Sim?"

Empresário: "Experiência."

Jornalista: "Como o senhor adquire tal experiência?"

Empresário: "Duas palavras."

Jornalista: "Quais são?"

Empresário: "Decisões incorretas."

Então, veja meu filho, tudo depende de como você aceita, compreende e se entrega às situações.

Amma vai contar outra história: Convidados por Yudhishthira, os Kauravas visitaram Indraprastha, a capital real dos Pandavas[2]. O lugar era tão habilidosamente planejado que tinha pontos que se assemelhavam a lindos lagos, quando na verdade não passavam de um piso normal.

Havia também outros lugares que, apesar de terem aparência de chão normal, eram piscinas cheias d'água. Todo o entorno tinha um aspecto surreal. Quando os 100 irmãos liderados pelo

---

[2] Os Pandavas e os Kauravas eram dois lados oponentes que lutaram na guerra do Mahabharata.

mais velho Kaurava, Duryodhana, entraram no belíssimo jardim, eles quase tiraram suas roupas para nadar, acreditando que havia uma piscina na frente deles. No entanto, se tratava apenas de um piso comum que parecia uma piscina. Contudo, em pouco tempo, todos os irmãos, inclusive Duryodhana, caíram numa piscina de verdade que aparentava ser um chão normal e ficaram completamente encharcados.

Panchali, a esposa dos cinco irmãos Pandavas, caiu na gargalhada ao ver essa cena hilária. Duryodhana e seus irmãos se sentiram insultados com isso.

Este foi um dos incidentes cruciais que despertaram muita raiva e desejo de vingança nos irmãos Kaurava, que mais tarde levaram à guerra do *Mahabharata* e a uma enorme destruição.

Essa história tem muito significado. Na vida real, nós também lidamos com muitas situações que parecem ser muito perigosas e tomamos uma série de medidas de precaução quando as confrontamos. Entretanto, no final, elas podem se provar inofensivas. E outras situações, que parecem seguras, no final podem ser muito perigosas. Nada é insignificante. Essa é a razão pela qual é importante que nós tenhamos *shraddha* [discernimento agudo, vigilância e consciência] quando enfrentamos a vida e as várias experiências que ela traz.

Não acumule as riquezas de Deus

Pergunta: É pecado acumular e possuir bens?

Amma: Não é pecado, desde que você seja uma pessoa que tenha compaixão. Ou seja, você deve ter o desejo de partilhar suas riquezas com os pobres e os necessitados.

Pergunta: E se eu não o fizer?

Amma: Nesse caso será pecado.

Pergunta: Por quê?

Amma: Porque tudo que está aqui pertence a Deus. Nossa posse é temporária; ela vem e vai.

Pergunta: Mas Deus não quer que a gente use tudo o que Ele criou para nós?

Amma: Lógico, mas Deus não quer que agente use essas riquezas de forma incorreta. Deus também quer que agente use nosso poder de discernimento enquanto nos beneficiamos de todas as coisas que Ele criou.

Pergunta: O que é discernimento?

Amma: Discernimento é usar o nosso conhecimento de forma que ele não nos faça cair em erros. Em outras palavras, discernimento é usar a nossa sabedoria para distinguir o *dharma* do *adharma* [justiça e injustiça] e o permanente do temporário.

Pergunta: Então, como usar com discernimento as coisas que o mundo nos oferece?

Amma: Renuncie ao título de proprietário – considere todas as coisas como pertencentes a Deus e as aproveite. Esse mundo é uma parada temporária. Nós estamos aqui por um breve período, como visitantes. Por conta de nossa ignorância, nós dividimos tudo, cada centímetro de terra, como nosso e deles. O pedaço de terra que agora você diz pertencer a você já foi de muitas outras pessoas.

Agora, os antigos proprietários se encontram enterrados nessa mesma terra. Hoje, pode ser a sua vez de brincar de dono de alguma coisa, mas, um dia, você também não estará mais aqui. Depois, outra pessoa virá e o substituirá. Sendo assim, existe algum sentido em ficar alegando ser proprietário de algo?

Pergunta: Que papel eu devo exercer aqui?

Amma: Sirva a Deus. Deus, que tudo nos dá, quer que compartilhemos a riqueza dele com todos. Se esse é o desejo de Deus, então quem somos nós para manter tudo somente para nós? Se por acaso você for contrário ao desejo de Deus e decidir não dividir nada com ninguém, então estará acumulando riquezas, que é o mesmo que roubar. Mantenha uma postura de mero visitante nesse mundo.

Certa vez, um homem foi ver um *Mahatma*. Quando chegou à casa e não viu nenhuma mobília ou peça decorativa, ele perguntou àquela grande alma: "Estranho. Por que não há nenhuma mobília aqui?"

"Quem é você?", o *Mahatma* perguntou ao homem.

"Eu sou um visitante", o homem respondeu.

"Eu também", disse o *Mahatma*. "Portanto, por que eu deveria sair por aí tolamente acumulando riquezas?"

Amma e a natureza

Pergunta: Qual é a sua relação com a natureza?

Amma: A conexão da Amma com a natureza não é uma relação; é União total. Um amante da natureza também é um amante de Deus, porque Deus e a natureza não são duas coisas separadas. Uma vez que atinge o estado de iluminação, você se conecta com todo o universo. Na relação da Amma com a natureza, não existe aquele que ama e aquele que é amado – só há amor. Não existem dois; existe somente um. Existe somente amor.

Em geral, as relações carecem de amor verdadeiro. Nas relações de amor comuns, existem dois – ou poderia se dizer que existem três – aquele que ama, aquele que é amado e o amor. Entretanto, no amor verdadeiro, o amante e o amado somem, e o que fica é uma experiência eterna de amor puro e incondicional.

Pergunta: O que é a natureza para os seres humanos?

Amma: A natureza significa vida para os homens. Ela é parte integrante da nossa existência. É uma inter-relação que continua em cada momento e em cada nível. Nós não somos simplesmente totalmente dependentes da natureza, mas também nós a afetamos e vice-versa. E quando amamos a natureza de forma verdadeira, ela nos responde de forma generosa e nos oferece seus recursos inesgotáveis. Da mesma forma que amamos outro ser com amor incondicional, nosso amor em relação à natureza também deveria ser sempre leal, paciente e compassivo.

Pergunta: Essa relação é uma troca ou é uma ajuda mútua?

Amma: Essa relação é ambas as coisas e ainda mais. Contudo, a natureza continuará a existir, mesmo sem a presença dos seres humanos. Mas os humanos precisam da ajuda da natureza para a sua existência.

Pergunta: O que acontece se a troca entre a natureza e os seres humanos se tornar completa?

Amma: A natureza vai parar de esconder coisas de nós. Ao abrir seus tesouros de infinitas riquezas naturais, ela nos possibilitará desfrutá-los. Como uma mãe, ela nos protege, nos alimenta e nos nutre. Numa perfeita relação entre a humanidade e a natureza, é criado um campo circular de energia onde um começa a fluir na direção do outro. Em outras palavras, quando nós humanos nos apaixonamos pela natureza, ela também se apaixona por nós.

Pergunta: Por que as pessoas agem de forma tão cruel com a natureza? Isso é egoísmo ou falta de sabedoria?

Amma: Ambas as coisas. Na verdade, é a falta de sabedoria que se manifesta como ação egoísta. Basicamente, é ignorância. Devido à ignorância, as pessoas pensam que a natureza é somente um lugar do qual elas podem continuar a retirar sem nada oferecer. A maioria dos seres humanos conhece somente a linguagem da exploração. Devido ao total egoísmo, eles são incapazes de ter consideração para com os seus iguais. No mundo de hoje, nossa relação com a natureza não passa de uma extensão do egoísmo que carregamos dentro de nós.

Pergunta: Amma, o que a senhora quer dizer com consideração para com o próximo?

Amma: O que a Amma quer dizer é considerar o próximo com compaixão. Para considerar o próximo – seja a natureza ou os seres humanos – a primeira e mais importante qualidade que devemos desenvolver é uma profunda conexão com nós mesmos, uma conexão com a nossa própria consciência.

Consciência, no sentido real, é o poder de ver os outros como nós mesmos. Da mesma forma como nos vemos refletidos num espelho, devemos ver o próximo como a nós mesmos. Refletimos o próximo, seus sentimentos, tanto de alegria quanto de tristeza. Nós temos que desenvolver essa capacidade em nossa relação com a natureza.

Pergunta: Os habitantes originais dos Estados Unidos eram americanos nativos. Eles cultuavam a natureza e tinham uma profunda conexão com ela. A senhora acha que nós deveríamos fazer o mesmo?

Amma: O que cada um deve fazer depende de sua constituição mental. Entretanto, a natureza é parte da vida, é parte do todo.

A natureza é precisamente Deus. Cultuar a natureza é o mesmo que cultuar a Deus.

Quando fez uma adoração ao Monte Govardhana, Krishna nos ensinou uma grande lição: tornar o culto à natureza parte de nossa rotina diária. Ele pediu ao seu povo que cultuasse o Monte Govardhana porque este o protegia. Da mesma forma, Rama, antes de construir a ponte sobre o mar, passou por três dias de penitência pesada para agradar o oceano.

Até os *Mahatmas* devotam respeito e atenção pela natureza e pedem suas bênçãos antes de se engajarem em qualquer ação. Na Índia, há templos para pássaros, animais, árvores e até mesmo lagartos e cobras venenosas. Isso serve para enfatizar a grande importância da conexão entre os humanos e a natureza.

Pergunta: Amma, qual o seu conselho para que seja possível restabelecer a relação entre os seres humanos e a natureza?

Amma: Nós devemos ter compaixão e ser compreensivos. Devemos retirar da natureza somente o que nós realmente necessitamos e tentar retribuir, na medida do possível. Somente dando é que recebemos. Uma benção é algo que volta para nós como resposta às nossas atitudes. Se nós nos aproximarmos da natureza com amor, considerando-a como vida, como Deus, como parte de nossa própria existência, ela se tornará nossa melhor amiga; uma amiga em quem nós podemos sempre confiar, que nunca nos trairá. Se nossa atitude em relação à natureza for equivocada, entretanto, ao invés dela nos responder com bênçãos, a conseqüência será uma reação negativa. A natureza se voltará contra a raça humana, se nós não formos cuidadosos em nossa relação com ela, e os resultados podem ser desastrosos.

Muitas das belas criações de Deus já foram perdidas graças à má conduta do homem e sua total falta de respeito para com a natureza. Se continuarmos a agir dessa maneira, nós iremos tão somente construir o caminho rumo ao desastre.

Sannyas, o cume da existência humana

Pergunta: O que é *sannyas*?

Amma: *Sannyas* é o cume da existência humana; é a realização do nascimento do homem.

Pergunta: O *sannyas* é um estado mental ou é algo diverso?

Amma: *Sannyas* é tanto um estado mental quanto um estado de "não mente".

Pergunta: Amma, como a senhora explica esse estado... ou o que quer que seja isso?

Amma: Se já é difícil explicar até mesmo as experiências mundanas, como explicar *sannyas*, que é a mais elevada forma de experiência? É um estado em que a pessoa tem completa liberdade de escolha interior.

Pergunta: Amma, eu sei que estou perguntando muitas coisas, mas o que a senhora quer dizer com "liberdade de escolha interior"?

Amma: Os seres humanos são escravos de seus pensamentos. A mente não passa de um constante fluxo de pensamentos. A pressão que esses pensamentos criam torna a pessoa uma vítima indefesa das situações externas. Existe um sem-número de pensamentos e emoções, tanto delicados quanto grosseiros dentro de cada um. A maioria das pessoas, quando não está apta a ter um olhar atento e discernir entre os bons e os maus pensamentos, ou entre os produtivos e os destrutivos, se torna presa fácil de impulsos prejudiciais e se identifica com as emoções negativas. No supremo estado de *sannyas*, a pessoa tem a escolha de se identificar com essas emoções ou de se manter afastada de cada pensamento ou emoção. Ela tem a escolha de cooperar ou não com cada pensamento, emoção e situação. Mesmo que escolha se identificar com eles, a pessoa ainda tem a opção de se afastar e seguir adiante em qualquer momento que quiser. Isso, de fato, é liberdade completa.

Pergunta: Qual o significado da cor de açafrão nas roupas que os *sannyasins* vestem?

Amma: Ela indica a conquista interior ou o objetivo que cada um deseja alcançar. Ela também significa que a pessoa não está mais interessada nas conquistas mundanas – uma declaração sincera de que sua vida é dedicada a Deus e à realização do Ser. Significa que seu corpo e sua mente estão consumidos pelo fogo de *vairagya* [desapego] e que ela não pertence mais a nenhuma nação, casta, credo, culto ou religião. Todavia, *sannyas* não envolve apenas o uso de roupas coloridas.

A roupa é somente um símbolo que indica um estado do ser, o estado transcendental. *Sannyas* é uma mudança interior em suas atitudes em relação à vida e como você a percebe. Você se torna completamente sem ego. Você não pertence mais a si mesmo, mas sim ao mundo, e sua vida se torna uma oferenda a serviço da humanidade. Nesse estado, você nunca espera nem exige nada de ninguém. No estado de *sannyas*, você se torna mais uma presença do que uma personalidade.

Durante a cerimônia na qual o discípulo recebe o *sannyas* de seu mestre, o discípulo corta o pequeno tufo de cabelo que sempre usou atrás de sua cabeça. O discípulo então oferece tanto o fio sagrado[3] quanto o tufo de cabelo à fogueira sagrada. Este gesto simbólico representa o ato de abandonar todos os apegos ao corpo, mente e intelecto e todos os prazeres dali em diante. Os *sannyasins* devem usar seus cabelos longos ou raspados. Antigamente, os *sannyasins* tinham longas mechas emaranhadas. Isso mostra o desprendimento ao corpo. Você se torna alguém que não mais se interessa por embelezar o corpo, porque a verdadeira beleza está em conhecer o *Atman*. O corpo está mudando, sucumbindo. Qual o sentido em ficar preso ao corpo, quando sua verdadeira natureza é o Ser imutável e imortal? O apego ao transitório é a causa de toda dor e sofrimento.

Um *sannyasin* é alguém que percebeu essa grande verdade – a natureza transitória do mundo exterior e a natureza imutável da consciência que dá beleza e graça a todas as coisas.

O verdadeiro *sannyas* não é algo que pode ser dado – é uma realização.

Pergunta: Isso significa que se trata de uma conquista?

Amma: Você está perguntando a mesma coisa novamente. *Sannyas* é a culminação de todas as preparações conhecidas como *sadhana* [práticas espirituais].

Veja, só podemos atingir algo que não é nosso, que não faz parte de nós. O estado de *sannyas* é o ponto fundamental de nossa existência, o que nós realmente somos.

Até que se dê conta disso, você pode chamar de conquista, mas quando o verdadeiro conhecimento aflorar, você compreenderá que tudo se trata do seu ser real e que nunca esteve longe dele – porque jamais poderia.

---

[3] Composto de três fios, o yajnopavitam é usado no corpo para representar as responsabilidades que alguém possui em relação à família, sociedade e guru.

Essa capacidade de saber o que realmente somos reside dentro de cada um de nós. Estamos num estado de esquecimento. Alguém deve nos lembrar do nosso infinito poder interior. Por exemplo, suponha que uma pessoa ganha a vida mendigando nas ruas. Um dia, um estranho se aproxima e diz: "Oi, o que você está fazendo aqui? Você não é nem um mendigo nem um cigano errante; você é um multimilionário."

O mendigo não acredita no estranho e vai embora, ignorando-o completamente. Mas o estranho é amorosamente persistente. Ele segue o mendigo e diz: "Acredite em mim. Eu sou seu amigo e quero ajudá-lo. O que estou dizendo é a verdade. Você é de fato um homem rico, e o tesouro que possui está mesmo muito perto de si."

A curiosidade do mendigo foi aumentando, e ele perguntou: "Muito perto de mim? Onde?"

"Ele está exatamente no lugar onde você dorme", responde o estranho. "Basta cavar um pouquinho e já será suficiente para que o tesouro se torne seu para sempre."

O mendigo não quis perder nem um minuto; voltou imediatamente para seu abrigo e começou a cavar atrás do tesouro.

O estranho representa o verdadeiro mestre, aquele que nos dá a correta informação e nos convence, induz e motiva a cavar o tesouro inestimável que habita dentro de nós. O Guru nos ajuda a descobrir quem realmente somos.

Só existe um dharma

Pergunta: Existem muitos *dharmas*?

Amma: Não, só existe um.

Pergunta: Mas as pessoas falam de diferentes *dharmas*.

Amma: Isso porque elas não enxergam a realidade única; elas vêem apenas a diversidade, os variados nomes e formas. Entretanto, dependendo das *vasanas* [tendências] de cada um, existe mais do que um único *dharma*, por assim dizer. Por exemplo, um músico talvez diga que a música é o seu *dharma*. Da mesma forma um empresário pode afirmar que fazer negócios é o seu *dharma*. Não há problema algum nisso. Mas nós não conseguiremos encontrar nossa completa realização em nada disso. O que nos dá o absoluto contentamento ou satisfação é o real *dharma*. Independentemente do que a pessoa faça, se não estiver satisfeita consigo mesma, ela não alcançará a paz, e o sentimento de que "algo está faltando" irá persistir. Nada, nenhuma conquista mundana irá preencher esse vazio na vida da pessoa. Todos terão que encontrar seu centro interior para que esse sentimento de realização desabroche. Esse é o verdadeiro *dharma*. Até que consiga isso, você simplesmente ficará dando voltas, em círculos, em busca de paz e alegria.

Pergunta: Se uma pessoa seguir seu *dharma* infatigavelmente, ela terá tanto prosperidade material como crescimento espiritual?

Amma: Sim, se a pessoa seguir seu *dharma* em seu sentido verdadeiro, definitivamente isso vai ajudá-la a obter ambas as coisas. Ravana, o rei dos demônios, tinha dois irmãos, Kumbhakarna e Vibhishana. Quando Ravana raptou Sita, a esposa sagrada de Rama, seus dois irmãos o alertaram várias vezes sobre as conseqüências desastrosas que seu ato poderia gerar e o aconselharam a devolver Sita a Rama. Ele ignorou completamente suas súplicas e acabou declarando guerra ao rei. Apesar de ter consciência que seu irmão mais velho estava agindo de forma incorreta, Kumbhakarna finalmente cedeu, devido ao seu apego pelo irmão e seu amor à raça dos demônios. Vibhishana, por outro lado, era muito virtuoso e devotado e não conseguia aceitar a escolha *adhármica* [incorreta] de seu irmão e continuou a expressar sua preocupação, tentando convencer o irmão a mudar de atitude. Ravana, entretanto, não ouviu nem aceitou as opiniões de seu irmão e chegou a expulsá-lo do reino, porque ficou muito aborrecido com a insistência dele. Então, Vibhishana procurou refúgio aos pés de Rama. Na guerra que se seguiu, Ravana e Kumbhakarna foram mortos, e Sita foi recuperada. Antes de voltar à sua terra natal Ayodhya, Rama coroou Vibhishana como rei de Lanka.

Dos três irmãos, Vibhishana foi o único que conseguiu achar um equilíbrio entre seus *dharmas* mundanos e espirituais. Como conseguiu fazê-lo? Isso foi possível devido a sua visão espiritual mesmo quando executava suas funções mundanas, e não o contrário. Essa forma de desempenhar as tarefas terrenas leva a pessoa ao estado da realização suprema. Por outro lado, os outros dois irmãos, Ravana e Kumbhakarna, tinham uma perspectiva terrena mesmo quando exerciam seus *dharmas* espirituais.

A atitude de Vibhishana foi altruísta; ele não pediu a Rama para torná-lo rei. Ele somente queria se manter fiel ao seu *dharma*. Porém sua fé inabalável e sua determinação o presentearam com várias bênçãos. Ele atingiu tanto a prosperidade material quanto a espiritual.

Pergunta: Amma, essa história é linda, mas os verdadeiros aspirantes espirituais não anseiam por prosperidade material, não é?

Amma: Não, o único *dharma* de um devoto sincero é a iluminação. Ele não se satisfará com nada menos que isso, todo o resto será irrelevante para ele.

Pergunta: Amma, eu tenho mais uma pergunta. A senhora acha que existem Ravanas e Kumbhakarnas no mundo de hoje? Caso existam, seria simples para pessoas como Vibhishana sobreviverem na sociedade?

Amma: (rindo) Existe um Ravana e um Kumbhakarna dentro de cada um. A diferença está somente no grau. Obviamente que também existem pessoas com características demoníacas exacerbadas como Ravana e Kumbhakarna. Na verdade, todo o caos e os conflitos que vivenciamos hoje em dia não passam da soma total de todas essas mentes. Entretanto os verdadeiros Vibhishanas sobreviverão, porque eles buscarão auxílio em Rama, ou Deus, que os protegerá.

Pergunta: Eu disse que era a minha última pergunta, mas tenho outra, se a senhora me permitir.

Amma: (em inglês) "Okay, ask." (Sim, pergunte.)

Pergunta: Pessoalmente, o que a senhora acha desses Ravanas atuais?

Amma: Eles também são filhos da Amma.

211

O dharma como ação unificada

Amma: Nessa era de *Kaliyuga* [a era sombria do materialismo], a tendência geral das pessoas em todo o mundo é de se distanciarem umas das outras. Elas vivem isoladas como ilhas, sem nenhuma conexão mais profunda. Isso é algo perigoso que apenas fará aumentar a densidade da escuridão que nos rodeia. Não importa se isso se dá entre as próprias pessoas ou entre elas e a natureza; somente o amor cria a ponte que faz essa conexão. A ação unificada é a força do mundo de hoje. Logo, ela deve ser vista como um dos *dharmas* [deveres] predominantes deste período.

Devoção e consciência

Pergunta: Existe alguma conexão entre devoção e consciência?

Amma: Pura devoção é amor incondicional. O amor incondicional é a entrega. Entrega total significa estar completamente receptivo ou aberto. Essa abertura ou expansão é a consciência. Isso verdadeiramente é Realização.

Ajudar o coração fechado do discípulo a abrir-se

Pergunta: Amma, a senhora diz aos seus devotos e discípulos que ter um Guru pessoal é muito necessário para se chegar até Deus, mas a senhora considerou todo o universo como seu Guru. Não acha que os outros também têm essa opção?

Amma: Claro que sim. Mas, no caminho espiritual, opções em geral não funcionam.

Pergunta: Mas no seu caso funcionou, não foi?

Amma: No caso da Amma não foi uma opção. Foi algo simplesmente espontâneo.

Veja, meu filho, Amma não força ninguém a nada. Para aqueles que possuem uma fé inabalável a ponto de enxergar uma mensagem de Deus em cada situação, tanto negativa quanto positiva, um Guru externo não se faz necessário. Mas quantas pessoas têm essa determinação e capacidade?

O caminho até Deus não é algo que se possa forçar. Isso não funciona. Muito pelo contrário, pode até destruir todo o processo. Nesse caminho, o Guru tem que ser extremamente paciente com o discípulo. Da mesma forma que um botão desabrocha e se torna uma linda flor perfumada, o Guru ajuda o coração fechado do discípulo a se abrir por inteiro.

Os discípulos são ignorantes, e o Guru está desperto. Os discípulos não compreendem o Guru e o plano a partir do qual ele funciona. Devido à sua ignorância, os discípulos podem, às vezes, se tornar muito impacientes. Como eles tendem a julgar, podem até mesmo encontrar defeitos em seus Gurus. Nesses casos, somente o amor incondicional e a compaixão de um mestre perfeito podem verdadeiramente ajudar o discípulo.

O significado da gratidão

Pergunta: O que significa ser grato ao mestre ou a Deus?

Amma: Significa ter uma postura humilde, aberta e de prece que o ajudará a receber a graça divina. Um verdadeiro mestre não tem nada a perder nem a ganhar. Como o mestre se encontra num estado de total desapego, não importa a ele se você é grato ou não. Entretanto, a atitude de gratidão nos ajuda a ficar receptivos para a graça de Deus.

Gratidão é uma atitude interior. Seja agradecido a Deus, porque esse é o melhor caminho para sair do mundo estreito criado pelo corpo e pela mente e entrar no vasto mundo interior.

O poder por trás do corpo

Pergunta: Cada espírito é diferente, com existências individuais independentes?

Amma: Apesar da energia elétrica se manifestar de forma diferente nos ventiladores, geladeiras, televisores e outros aparelhos elétricos, ela é diferente?

Pergunta: Não, mas os espíritos têm uma existência separada depois da morte?

Amma: Dependendo do carma [efeitos do acúmulo de ações passadas] e das *vasanas* [tendências de outras encarnações] acumuladas, eles terão uma existência aparentemente separada.

Pergunta: Nossos espíritos individuais têm desejos mesmo nesse estado?

Amma: Sim, mas eles não podem realizá-los. Da mesma forma que um paralítico não consegue se levantar e fazer o que quiser, esses espíritos também não conseguem satisfazer seus desejos, porque eles não possuem um corpo.

Pergunta: Por quanto tempo eles permanecem nesse estado?

Amma: Isso depende da força do seu *prarabdha* carma [os resultados de ações passadas que estão se manifestando no presente].

Pergunta: O que ocorre depois desse carma ser exaurido?

Amma: Eles nascerão novamente, e o ciclo continuará até que eles ganhem consciência de quem realmente são. Devido à nossa identificação com o corpo e a mente, nós pensamos: "Eu sou o causador da ação, eu sou o que pensa" e daí por diante. Na verdade, sem a presença do *Atman* [Ser superior], nem o corpo nem a mente podem funcionar. Uma máquina consegue funcionar sem eletricidade? Não é a energia que faz tudo se mover? Sem essa energia, até mesmo uma máquina gigantesca não passa de um monte de aço e ferro. Da mesma forma, não importa o que ou quem nós somos; é a presença do *Atman* que nos ajuda a fazer todas as coisas. Sem isso nós somos apenas matéria morta. Esquecer o *Atman* e reverenciar a estrutura física é como desprezar a eletricidade e se encantar meramente com o aparelho elétrico.

Duas experiências vitais

Pergunta: Mestres Perfeitos podem escolher a data e as circunstâncias de seu nascimento e morte?

Amma: Somente um ser perfeito tem total controle dessas situações. Todos os outros são totalmente vulneráveis durante essas duas experiências vitais. Ninguém irá lhe perguntar onde você deseja nascer ou quem ou o quê você deseja ser. Da mesma forma, você não irá receber nenhuma mensagem perguntando se você está pronto para morrer. Tanto a pessoa que sempre reclamou de seu pequenino apartamento de um quarto quanto aquele que viveu luxuosamente em sua mansão irão terminar confortavelmente em silêncio dentro do limitado espaço de um caixão quando a presença do *Atman* [Ser superior] deixar de existir. Uma pessoa que não conseguia viver sem ar-condicionado nem por um minuto não terá problema algum quando seu corpo for consumido no crematório. Por quê? Porque nesse momento o corpo não será nada além de um objeto inerte.

Pergunta: A morte é uma experiência assustadora, não é?

Amma: Ela é assustadora para aqueles que vivem suas vidas completamente identificados com o ego, sem parar para pensar na realidade que há por trás do corpo e da mente.

Levar os outros em consideração

Um devoto queria uma explicação para a espiritualidade que fosse descomplicada, curta e fácil de entender. Amma disse: "Considerar os outros de forma compassiva é espiritualidade."

"Fantástico", respondeu o homem enquanto se levantava para sair. Amma subitamente segurou sua mão, dizendo: "Sente-se". O homem obedeceu. Abraçando um devoto que recebia o *darshan* com uma mão, Amma dirigiu-se a ele carinhosamente e perguntou em inglês: "História?"

O homem ficou um pouco surpreso: "Amma, a senhora quer que eu lhe conte uma história?"

Amma riu e respondeu: "Não, você quer ouvir uma história?"

O homem respondeu entusiasmado: "Eu certamente quero escutar a sua história. Que benção para mim!"

Amma então prosseguiu: "Certo dia, enquanto um homem dormia, uma mosca entrou em sua boca aberta. Desde então, ele passou a sentir que ela estava morando dentro de seu corpo. Conforme sua imaginação a respeito da mosca se desenvolvia, o pobre coitado ficava cada vez mais preocupado. Logo, sua perturbação se transformou em um sofrimento intenso e depressão. Não conseguia comer ou dormir. Não havia mais felicidade em sua vida. Seus pensamentos sempre estavam concentrados na mosca; estava sempre caçando a mosca de um lado a outro de seu corpo.

Ele visitou médicos, psicólogos e psiquiatras e uma variedade de outros profissionais a fim de conseguir ajuda para se livrar da mosca. Todos disseram: 'Você está ótimo. Não existe nenhuma mosca dentro de seu corpo. Mesmo que tivesse entrado, já teria morrido há muito tempo. Pare de se preocupar; você está bem.' Entretanto, o homem não acreditou em nenhum deles e continuou a sofrer. Então, certo dia, um amigo o levou para ver um *Mahatma*. Depois de ouvir sua história sobre a mosca com grande atenção, o *Mahatma* o examinou e disse: 'Você tem razão. Existe, de fato, uma mosca dentro de você. Vejo-a movendo daqui para ali.'

Olhando dentro de sua boca escancarada, o mestre disse: 'Ó, meu Deus! Veja isso! Ela cresceu mais ainda nesses meses.'

Quando o *Mahatma* pronunciou estas palavras, o homem virou-se para seu amigo e sua esposa e disse: 'Estão vendo? Aqueles tolos não sabiam de nada. Este camarada aqui me entende. Rapidamente, ele detectou a mosca.'

O *Mahatma* disse: 'Não se mexa. Mesmo o mais leve movimento pode perturbar todo o procedimento.' Então, ele cobriu o homem dos pés à cabeça com um pesado cobertor. 'Isto tornará o procedimento mais rápido. Quero que todo o corpo, inclusive seu interior, fiquem escuros para que a mosca não possa ver nada. Portanto, nem abra os olhos.'

O homem já tinha desenvolvido uma fé tão forte no *Mahatma* que estava disposto a fazer qualquer coisa que ele dissesse. Agora, relaxe e fique quieto.' Dizendo isso, o *Mahatma* se dirigiu para outra sala com a intenção de pegar uma mosca viva. Eventualmente, conseguiu e voltou com ela dentro de uma garrafa.

Começou, então, a massagear gentilmente o corpo do paciente. Conforme fazia isso, o *Mahatma* tecia comentários sobre os movimentos da mosca. Ele dizia: 'Não se mexa, a mosca está agora no seu estômago... Antes que eu pudesse fazer qualquer coisa, ela já voou e está sentada em cima de seus pulmões. Quase a peguei... Ó não, ela escapou de novo!... Nossa! Ela é rápida!...

Está no estômago de novo... Agora, vou cantar um mantra que a deixará imóvel.'

Então, ele fingiu estar pegando a mosca e tirando-a de dentro do estômago do homem. Depois de alguns segundos, o *Mahatma* pediu ao homem que abrisse os olhos e removeu o cobertor. Quando fez isso, o sábio mostrou-lhe o inseto já dentro da garrafa. O homem ficou muito feliz e começou a dançar. Ele comentou com sua esposa: 'Eu disse cem vezes que estava certo e que aqueles psicólogos eram uns tolos. Vou direto lá. Quero meu dinheiro de volta!'

Na verdade, não havia nenhuma mosca. A única diferença foi que o *Mahatma* levou o homem em consideração e os outros não. Eles falaram a verdade, mas não o ajudaram. Por outro lado, o *Mahatma* o apoiou, foi solidário, entendeu-o e demonstrou verdadeira compaixão por ele. Isso o ajudou a superar sua dificuldade.

Ele teve uma compreensão mais profunda do homem, de seu sofrimento e de sua condição mental, ficando no mesmo nível do homem. Os outros, ao contrário, permaneceram em seu nível de entendimento e não consideraram o paciente."

Amma fez uma pausa e depois continuou: "Filho, nisso consiste todo o processo de realização espiritual. O mestre considera verdadeira a mosca da ignorância do discípulo, o ego. Só considerando o discípulo e sua ignorância, o mestre poderá ganhar a completa cooperação do discípulo. Sem essa cooperação, o mestre nada pode fazer. Contudo, um discípulo genuinamente interessado não terá nenhum problema em cooperar com o mestre verdadeiro, pois este considera plenamente as fraquezas de seu discípulo antes de ajudá-lo a acordar para a realidade. O verdadeiro trabalho de um mestre genuíno é ajudar o discípulo a também se tornar um mestre em todas as situações."

O ventre do amor

Pergunta: Recentemente, li em um livro que todo mundo tem um ventre espiritual. Isso existe?

Amma: Só pode ter sido um exemplo. Não existe um órgão visível chamado "ventre espiritual". Talvez fosse uma referência à receptividade que devemos desenvolver para poder sentir e experimentar o amor interno. Deus proporcionou a cada mulher o dom de um útero, onde pode carregar uma criança, alimentá-la, acalentá-la e finalmente dar à luz. De forma semelhante, devemos criar espaço suficiente dentro de nós para o amor se formar e crescer. Nossas meditações, preces e cânticos alimentarão e farão esse amor se desenvolver, ajudando gradualmente a criança do amor a crescer e expandir além de todas as limitações. O amor puro é *shakti* [energia] em sua forma mais pura.

As pessoas espiritualizadas são especiais?

Pergunta: Amma, a senhora acha que a espiritualidade e as pessoas espiritualizadas são especiais?

Amma: Não.

Pergunta: Como?

Amma: Espiritualidade é levar uma vida completamente normal em sintonia com nosso Ser Interior. Portanto, não há nada de especial nisso.

Pergunta: Está dizendo que apenas as pessoas com mentes espiritualizadas estão levando vidas normais?

Amma: A Amma disse isso?

Pergunta: Não diretamente, mas sua afirmação implica nisso, não é?

Amma: Esta é a sua interpretação das palavras da Amma.

Pergunta: Está bem, mas o que acha da maioria das pessoas, que vivem uma vida terrena?

Amma: Não é apenas a maioria. Não estamos todos vivendo neste mundo?

Pergunta: Amma, por favor...

Amma: Enquanto vivermos neste mundo, somos todos pessoas com uma vida terrena. Entretanto, o que o torna espiritualizado é a forma como vê a vida e suas experiências enquanto vive nesse mundo. Veja, meu filho, todos pensam que estão levando uma vida normal. Se estão fazendo isso ou não é algo que cada indivíduo deve descobrir através da introspecção apropriada. Também devemos saber que a espiritualidade não é algo incomum ou extraordinário. Espiritualidade não é tornar-se especial, mas tornar-se humilde. É também importante entender que o próprio nascimento humano já é muito especial.

Só uma parada temporária

Pergunta: Amma, por que o desapego é tão importante na vida espiritual?

Amma: Não só os aspirantes espirituais como também todas as pessoas que desejam aumentar seu potencial e sua paz mental devem praticar o desapego. Ser desapegado significa se tornar um *sakshi* [testemunha] de todas as experiências da vida. O apego é carregar a mente, e o desapego é descarregar a mente. Quanto mais a mente estiver carregada, mais tensa será e mais desejará ser descarregada. No mundo de hoje, as mentes das pessoas estão se tornando cada vez mais carregadas com pensamentos negativos. Isso naturalmente gerará uma urgência forte, uma necessidade genuína por desapego.

Pergunta: Amma, eu realmente quero praticar o desapego, mas minha convicção sempre balança.

Amma: A convicção só vem com a consciência. Quanto mais consciente for, mais convicto será. Filho, considere o mundo como uma parada temporária, de um tipo mais longo. Estamos todos viajando, e este é mais um lugar que estamos visitando. Como em uma viagem de trem ou de ônibus, encontraremos muitos companheiros viajantes com quem poderemos conversar e compartilhar pensamentos sobre a vida e assuntos do mundo. Depois de certo tempo, poderemos até desenvolver alguma ligação com relação à pessoa sentada ao nosso lado, mas cada passageiro deverá desembarcar quanto atingir seu local de destino. Portanto, no momento em que você encontrar uma pessoa ou em que se estabelecer em um local, mantenha a consciência de que um dia deverá partir. Essa consciência, se for desenvolvida e associada a uma atitude positiva, certamente o guiará em todas as circunstâncias da vida.

Pergunta: Amma, a senhora está dizendo que devemos praticar o desapego enquanto vivemos no mundo?

Amma: (sorrindo) Onde mais poderá aprender sobre o desapego se não for enquanto vive no mundo? Depois da morte? Na realidade, praticar o desapego é uma forma de superar o medo da morte. Ele garante uma morte totalmente livre de sofrimento e cheia de bem-aventurança.

Pergunta: Como isso é possível?

Amma: Quando a pessoa é desapegada, ela permanece um *sakshi* mesmo diante da experiência da morte. Desapego é a atitude certa; é a percepção correta. Se assistimos um filme e nos identificamos com os personagens e tentamos imitá-los em nossas vidas, isso é bom ou ruim? Assista a um filme com a consciência de que é somente um filme; assim realmente irá aproveitá-lo. O verdadeiro caminho para a paz é pensar e viver de forma espiritualizada.

Você não toma banho em um rio para sempre. Você se lava nele para sair dali fresco e limpo. Da mesma forma, se está interessado em levar uma vida espiritual, considere sua vida de chefe de família como uma forma de exaurir suas *vasanas* [tendências]. Em outras palavras, lembre-se que está levando uma vida em família não para ficar cada vez mais imerso nela, mas para desgastar essa e outras *vasanas* e tornar-se livre da escravidão da ação. Sua meta deveria ser a exaustão das *vasanas* negativas e não o seu acúmulo.

O que a mente ouve

Pergunta: Amma, como a senhora define "mente"?

Amma: Ela é um instrumento que nunca escuta o que é falado, mas somente o que quer ouvir. Assim, por meio de uma série de cortes, edições e colagens, ela executa uma cirurgia no que é ouvido. Nesse processo, a mente retira algumas coisas do original e acrescenta outras, interpretando-o e polindo-o até que finalmente o original se ajuste a você. Dessa forma, você se convence de que foi isso o que disseram.

Há um menino que vem ao *ashram* com os pais. Um dia, sua mãe contou à Amma sobre um incidente interessante que havia acontecido em sua casa. Ela pedira que o filho levasse um pouco mais a sério seus estudos, pois as provas estavam bem próximas. Porém, as prioridades do menino eram outras. Ele queria praticar esportes e assistir filmes. Na discussão que se seguiu, ele finalmente disse a sua mãe: "Mãe, você nunca ouviu a Amma enfatizar em seus discursos para vivermos no presente? Pelo amor de Deus, eu não entendo por que você está tão preocupada com os exames que nem chegaram ainda, quando eu tenho tantas outras coisas para fazer no presente". Fora isto o que ele ouvira.

Amor e coragem

P*ara ilustrar como o amor acaba com o medo, Amma contou a seguinte história:*

Amma: Há muito tempo, existia um rei que governava um estado indiano e que vivia em um forte no alto de uma montanha. Todo dia, uma mulher vinha ao forte vender leite. Ela chegava ao forte perto das seis da manhã e ia embora antes das seis da tarde. Exatamente a essa hora, os enormes portões de entrada do forte se fechavam; depois disso, ninguém podia entrar ou sair até que os portões se abrissem de novo, na manhã seguinte.

Toda manhã quando os guardas abriam os enormes portões de ferro, a mulher já estava lá de pé, carregando um pote de leite na cabeça.

Uma noite, quando a mulher se dirigiu à entrada, já passavam uns poucos segundos das seis e as portas haviam acabado de se fechar. Porém, ela tinha um filho que a esperava em casa. A mulher se prostrou aos pés dos guardas, implorando para que a deixassem sair. Com lágrimas nos olhos, ela disse: "Por favor, tenham piedade. Meu filhinho não comerá nem dormirá se eu não estiver com ele. Pobre menino, ele chorará a noite inteira se não vir sua mãe. Por favor! Deixem-me ir!" No entanto, os guardas não se mexeram, porque não podiam agir contra as ordens recebidas.

A mulher correu pelo forte em pânico, desesperadamente tentando achar um ponto por onde pudesse sair. Ela não podia tolerar a idéia de que seu inocente filho fosse esperar sua volta em vão.

O forte era rodeado de montanhas rochosas, florestas cheias de vegetação espinhosa, trepadeiras e plantas venenosas. À medida que a noite caía, a leiteira ficava ainda mais apavorada, e sua determinação de estar com seu filho se intensificava. Ela contornou o forte em busca de um lugar por onde pudesse descer e, de alguma forma, chegar até sua casa. Finalmente, ela avistou um ponto que parecia relativamente menos escarpado e íngreme. Após esconder o pote de leite em um arbusto, ela cuidadosamente começou a descer a montanha. No percurso, ela se cortou e se arranhou em várias partes do seu corpo. Alheia a todas as adversidades, as lembranças de seu filho fizeram com que prosseguisse. Por fim, ela conseguiu alcançar a base da montanha; correu então para sua casa e passou a noite alegremente com seu filho.

Na manhã seguinte, quando os guardas abriram os portões do forte, ficaram atônitos ao ver a mulher a quem não permitiram sair na noite anterior de pé do lado de fora, esperando para entrar.

"Se uma simples leiteira conseguiu escapar de nosso inconquistável forte, deve haver um lugar por onde os inimigos poderão ter acesso e nos atacar", pensaram. Compreendendo a gravidade da situação, os guardas imediatamente a prenderam e a levaram até o rei.

O rei era uma pessoa de grande conhecimento e maturidade. Sua sabedoria, coragem e nobre natureza eram louvadas por seu povo. Ele recebeu a senhora com grande cortesia. Com suas palmas unidas em saudação, ele disse: "Oh, mãe, se meus guardas falam a verdade sobre a sua escapada ontem à noite, poderia ter a gentileza de nos mostrar por onde conseguiu descer?"

Ela então guiou o rei, seus ministros e guardas até o ponto determinado. Ela mostrou o local ao rei e recuperou o pote de leite que havia escondido nos arbustos na véspera.

Olhando a encosta escarpada da montanha abaixo, o rei perguntou a ela: "Mãe, por favor, mostre-nos como conseguiu descer daqui a noite passada?"

A vendedora de leite olhou para a encosta íngreme e inóspita da montanha e tremeu de medo: "Não, eu não posso fazer isso!", disse chorando.

"Então como fez a noite passada?", o rei perguntou.

"Eu não sei", ela respondeu.

"Mas eu sei", disse o rei gentilmente. "Foi seu amor por seu filho que lhe deu força e coragem para fazer o impossível".

No amor verdadeiro, a pessoa transcende o corpo, a mente e todos os medos.

A força do amor puro é infinita. Tal amor envolve tudo, penetra tudo. Neste amor, pode-se experimentar a unidade do Ser. O amor é a respiração da alma. Ninguém diz: "Só vou respirar na presença de minha esposa, filhos, parentes ou amigos. Eu não posso respirar na presença de meus inimigos, daqueles que me odeiam ou daqueles que me insultaram". Não é possível viver assim, a pessoa morreria. Da mesma forma, o amor é uma presença acima de todas as diferenças. Está presente em todos os lugares. É nossa força vital.

Amor puro e inocente torna tudo possível. Quando seu coração está repleto com a pura energia do amor, até mesmo a tarefa mais impossível se torna tão fácil quanto colher uma flor.

Por que existe guerra?

Pergunta: Amma, por que existe tanta guerra e violência?

Amma: Por causa da falta de compreensão.

Pergunta: O que é falta de compreensão?

Amma: Ausência de compaixão.

Pergunta: Compreensão e compaixão estão relacionadas?

Amma: Sim, quando a verdadeira compreensão surge, você realmente aprende a considerar a outra pessoa, não levando em conta suas fraquezas. A partir daí, o amor se desenvolve. Na medida em que o amor puro brota em nosso interior, também a compaixão nasce.

Pergunta: Amma, eu ouvi a senhora dizer que o ego é a causa das guerras e conflitos.

Amma: É verdade. O ego imaturo ou a falta de compreensão são quase a mesma coisa. Nós usamos muitas palavras diferentes, mas basicamente todas significam a mesma coisa. Quando os seres humanos perdem o contato com seu Eu Interior e tornam-se mais identificados com seu ego, advêm violência e guerra. Isto é o que está acontecendo no mundo de hoje.

Pergunta: Amma, a senhora quer dizer que as pessoas dão muita importância ao mundo exterior?

Amma: Civilização (desenvolvimento e conforto exterior) e *samskara* [a prática de pensamentos enriquecedores e qualidades] supostamente devem andar juntos. Mas o que vemos em nossa sociedade? Valores espirituais se degenerando rapidamente, não é mesmo? Conflitos e guerra são os pontos mais baixos da existência, e o mais alto é *samskara*.

A condição do mundo de hoje pode ser mais bem descrita com o exemplo seguinte: Imagine uma estrada muito estreita. Dois carros vão de encontro um ao outro, e os motoristas freiam. A menos que um dê ré e ceda para o outro, eles não poderão continuar. No entanto, sentados firmemente em seus assentos, os motoristas obstinadamente declaram que não cederão nem um centímetro. A situação pode ser resolvida somente se um deles mostrar alguma humildade e deliberadamente ceder. Assim, ambos poderão facilmente prosseguir para seus destinos. Aquele que cede ao outro pode também ter a alegria de saber que foi por sua causa que a outra pessoa pôde prosseguir.

Como podemos fazer a Amma feliz?

Pergunta: Amma, como posso servi-la?

Amma: Servindo aos outros humildemente.

Pergunta: O que podemos fazer para fazer a senhora feliz?

Amma: Ajudando outros a serem felizes. Isso realmente faz a Amma feliz.

Pergunta: Amma, a senhora não quer nada de mim?

Amma: Sim, Amma quer que você seja feliz.

Pergunta: Amma, a senhora é tão bela.

Amma: Mas esta beleza está em você também. Você só tem que achá-la.

Pergunta: Eu a amo, Amma.

Amma: Filha, na realidade, você e a Amma não são duas. Nós somos uma. Assim, só existe amor.

O problema real

Pergunta: Amma, a senhora diz que tudo é Um. Mas eu vejo tudo separado. Por que isso ocorre?

Amma: Ver as coisas como separadas e diferentes não é o problema. O problema real é não conseguir perceber a Unicidade atrás desta diversidade. Esta é uma percepção errada que na verdade é uma limitação. Seu modo de ver o mundo e o que está acontecendo à sua volta precisa de correção; depois disso, tudo mudará automaticamente.

Assim como a visão necessita de correção quando os olhos externos enfraquecem – isto é, quando começamos a ver os objetos duplicados – o olho interno também necessita de ajuste, instruído por alguém estabelecido na experiência da Unidade, um *Satguru* [mestre verdadeiro].

Nenhum problema com o mundo

Pergunta: O que há de errado com o mundo? As coisas não parecem muito boas. Podemos fazer alguma coisa em relação a isso?

Amma: Não há problema com o mundo. O problema está na mente humana – o ego. É o ego descontrolado que torna o mundo problemático. Um pouco mais de entendimento e um pouco mais de compaixão podem criar muitas mudanças. O ego domina o mundo. As pessoas são vítimas indefesas de seus egos. Pessoas sensíveis dotadas de corações compassivos são difíceis de achar. Encontre sua própria harmonia interior, a bela canção da vida e do amor dentro de você. Saia e sirva os sofredores. Aprenda a colocar os outros antes de você mesmo.

Entretanto, em nome do amor e do serviço ao próximo, não caia de amores pelo seu ego. Mantenha-o, mas seja um mestre de sua mente e ego. Tenha consideração por todos, porque esta é a passagem para Deus e para seu próprio Ser.

Por que seguir o caminho espiritual?

Pergunta: Por que alguém deveria seguir o caminho espiritual?

Amma: Isto é como a semente perguntar: "Por que eu devo entrar no solo, brotar e crescer?"

Lidar com a energia espiritual

Pergunta: Pelo menos um pequeno número de pessoas perde sua sanidade após a prática espiritual. Por que isso ocorre?

Amma: As práticas espirituais preparam o corpo limitado e a mente para que contenham a *shakti* [energia] universal. Elas abrem o caminho para uma consciência superior dentro de você. Em outras palavras, elas lidam diretamente com a *shakti* pura. Se você não for cuidadoso, elas podem causar problemas mentais e físicos. Por exemplo, a luz nos ajuda a enxergar. Mas luz demais machucará nossos olhos. Similarmente, *shakti*, ou êxtase, é altamente benéfica. No entanto, se você não souber como controlá-la da maneira certa, ela pode ser perigosa. Somente a condução de um *Satguru* [mestre verdadeiro] poderá realmente ajudá-lo nisso.

Queixa e Compaixão de um coração inocente

Um garotinho chegou correndo até a Amma e mostrou-lhe a palma de sua mão direita. Amma segurou seu dedo afetuosamente e perguntou-lhe em inglês: "O que foi?" Ele se virou e disse: "Lá..."

Amma (em inglês): Lá, o que?

Menino: Papai...

Amma: (em inglês) Papai, o que?

Menino: (apontando para sua palma) Papai senta aqui.

Amma: (abraçando a criança apertado e falando em inglês) Amma chama o papai.

Neste momento, o pai se aproximou da Amma. Ele disse que acidentalmente se sentara na mão da criança naquela manhã. O incidente acontecera em casa, e o garoto estava tentando explicar isso à Amma. Ainda segurando o menino perto dela, Amma disse: "Veja, minha criança, Amma vai bater no seu pai, ok?". O menino concordou. Amma agiu como se Ela estivesse batendo no pai, e este fingiu que estava chorando. De repente, o menino segurou a mão da Amma e disse: "Chega". Segurando a criança ainda mais apertado, Amma riu e os devotos também.

Amma: Vejam, ele ama seu pai. Ele não quer que alguém o machuque. Filhos, como este pequeno menino, que veio e abriu seu coração para Amma sem reservas, vocês também deveriam aprender a oferecer seus corações a Deus. Apesar de a Amma estar apenas fingindo bater em seu pai, para o menino foi real. Ele não queria machucá-lo. Da mesma forma, filhos, entendam o sofrimento alheio e tenham compaixão por todos.

Despertar o discípulo que sonha

Pergunta: Como o Guru ajuda o discípulo a transcender seu ego?

Amma: Criando as situações necessárias. Na verdade, é a compaixão do *Satguru* [mestre verdadeiro] que ajuda o discípulo.

Pergunta: Então o que exatamente auxilia o discípulo? As situações ou a compaixão do Guru?

Amma: As situações emergem como resultado da infinita compaixão do Guru.

Pergunta: Essas situações são normais ou especiais?

Amma: Serão situações normais. No entanto, também são especiais porque são outras formas de benção do *Satguru* objetivando a elevação espiritual do discípulo.

Pergunta: Existe um conflito entre o Guru e o discípulo durante o processo de remoção do ego?

Amma: A mente irá lutar e protestar, porque ela quer permanecer adormecida e continuar a sonhar. Ela não quer ser incomodada. Porém, um verdadeiro mestre é o perturbador do sono do discípulo. O objetivo primeiro e único do *Satguru* é acordar o discípulo. Então, há uma contradição aparente. No entanto, um discípulo verdadeiro, dotado de *shraddha* [fé amorosa], usará o discernimento para ultrapassar tais conflitos interiores.

Obediência ao Guru

Pergunta: A obediência perfeita ao Guru poderá no final levar à morte do ego?

Amma: Sim, poderá. No *"Kathopanishad"*, o *Satguru* [mestre verdadeiro] é representado por Yama, o Senhor da Morte. Isso acontece porque Ele simboliza a morte do ego do discípulo, o que só pode ocorrer com o auxílio de um *Satguru*. A obediência vem do amor do discípulo pelo mestre. Ele se sentirá imensamente inspirado pela compaixão e auto-sacrifício de seu Guru e, movido por Sua natureza, permanecerá espontaneamente aberto e obediente diante de seu mestre.

Pergunta: É necessária uma coragem extraordinária para encarar a morte do ego, não é?

Amma: Certamente, por isso somente poucos estão capacitados a fazê-lo. Deixar o ego morrer é como bater na porta da morte. Foi isso que Nachiketas, o jovem seguidor do *"Kathopanishad"*, fez. Mas se você tiver coragem e determinação para bater na porta da morte, descobrirá que ela não existe. Porque até mesmo a morte, ou a morte do ego, é uma ilusão.

O horizonte é aqui

Pergunta: Onde o Ser superior está escondido?

Amma: Fazer essa pergunta é o mesmo que indagar: "Onde estou escondido?" Você não está escondido em lugar algum. Você está dentro de você. Similarmente, o Ser superior está dentro e fora de você.

Da praia, parece que o oceano e o horizonte se encontram em um ponto. Imagine que exista uma ilha ali, parece que as árvores tocam o céu. Porém, se formos lá, avistaremos o ponto de encontro? Não, ao contrário, tal ponto também se move e passa para outro lugar. Na realidade onde está o horizonte? O horizonte é aqui onde estamos em pé, não é? Assim, o que você procura está aqui, mas, enquanto permanecemos hipnotizados pelo nosso corpo e mente, ele permanece distante. Considerando o conhecimento supremo, você é como um pedinte. O verdadeiro mestre aparece e diz: "Veja, você possui o universo inteiro. Jogue fora sua tigela de esmolas e procure o tesouro escondido dentro de você".

Sua ignorância sobre a realidade faz com que diga, de forma impassível: "Você está falando absurdos. Eu sou um mendigo e quero continuar pedindo esmolas pelo resto de minha vida. Por favor, me deixe em paz."

No entanto, um *Satguru* [mestre verdadeiro] não o deixará assim. O *Satguru* continuará a lembrá-lo da mesma coisa indefinidamente, até que você se convença e inicie sua busca.

Resumindo, o *Satguru* nos ajuda a perceber nosso estado mental de mendicância, nos convoca a jogar fora nossa tigela de esmolas e nos assiste para que nos tornemos donos do universo.

Fé e rosário

Durante um *Devi Bhava* em San Ramon, Califórnia, eu estava indo cantar *bhajans* [canções devocionais], quando uma senhora se aproximou de mim com lágrimas nos olhos e disse: "Eu perdi algo muito precioso para mim". A senhora parecia muito desesperada. "Eu estava dormindo lá em cima na sacada com o rosário que minha avó me deu. Quando acordei, ele havia sumido. Alguém o roubou. Ele tinha valor inestimável para mim. Oh, meu Deus, o que vou fazer agora?", disse ela e começou a chorar.

"Você procurou nos 'Achados e Perdidos'?", perguntei. "Sim", disse ela, "mas não estava lá".

Eu disse: "Não chore, por favor. Vamos fazer um anúncio. Se alguém o tiver achado ou levado por engano, talvez o devolva, se você explicar o quanto é precioso para você".

Eu a estava levando até o sistema de som quando ela disse: "Como isso pôde acontecer em uma noite de *Devi Bhava*, quando vim receber o *darshan* da Amma?".

Quando eu a ouvi dizer isso, espontaneamente disse-lhe as seguintes palavras: "Veja, você não estava atenta o suficiente. Foi por isso que perdeu o rosário. Por que você dormiu com o rosário em suas mãos, se lhe era tão valioso? Há todo tipo de pessoa aqui esta noite. Amma não discrimina ninguém. Ela permite que todos participem e fiquem alegres. Sabendo disso, você deveria ter tomado mais cuidado com seu rosário. Ao invés disso, está culpando a Amma sem considerar sua responsabilidade em ter sido displicente".

A senhora ainda não ficou convencida. Ela disse: "Minha fé na Amma está balançando". Eu disse a ela: "Você tinha alguma fé para perder? Se você tivesse alguma fé real, como poderia perdê-la?"

Ela não disse coisa alguma. Levei-a à mesa de som, e ela fez o anúncio.

Poucas horas depois, quando havia acabado de cantar, encontrei-a na entrada principal do salão. Ela estava esperando para me ver.

Ela me contou que havia encontrado o rosário. "Na verdade, alguém o viu sobre o balcão e o levou pensando ser um presente para ele da Amma. Mas, quando ouviu o anúncio, o devolveu".

A senhora disse: "Obrigada pela sugestão".

"Agradeça a Amma porque Ela teve tanta compaixão que não quis que você perdesse sua fé", repliquei. Antes de me despedir, eu disse: "Apesar de haver vários tipos de pessoas aqui, todos amam a Amma. De outra forma, você nunca mais veria seu rosário".

Amor e entrega

Pergunta: Amma, qual é a diferença entre amor e entrega?

Amma: Amor é condicional. Entrega é incondicional.

Pergunta: O que isso quer dizer?

Amma: No amor, existe o que ama e o que é amado, o discípulo e o mestre, o devoto e Deus. Mas na entrega, os dois desaparecem. Só o mestre existe; só Deus existe.

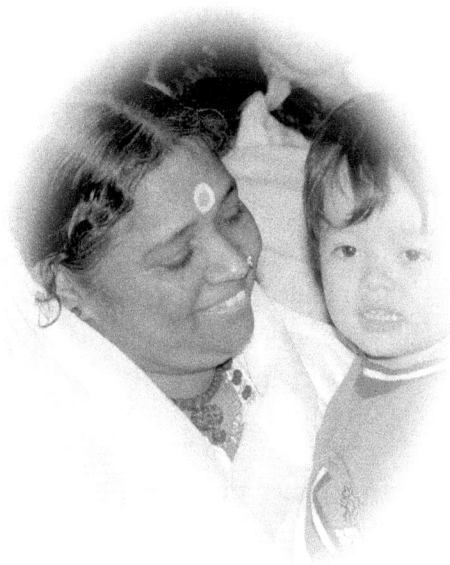

Consciência e vigilância

Pergunta: Consciência é o mesmo que *shraddha* [amor e fé]?

Amma: Sim, quanto mais *shraddha* você tem, mais consciente você é. A falta de consciência cria obstáculos no caminho da liberdade eterna. É como dirigir na neblina. Você não conseguirá enxergar claramente. É perigoso também, pois um acidente pode ocorrer a qualquer momento. Por outro lado, ações feitas com consciência nos ajudam a perceber nossa divindade inata. Elas ajudam a aumentar nossa clareza a cada momento.

A fé torna tudo simples

Pergunta: Por que a Auto-realização é tão difícil de alcançar?

Amma: Na verdade, a Auto-realização é fácil, porque o *Atman* [Eu superior] é o que está mais perto de nós. É a mente que torna esta tarefa difícil.

Pergunta: Mas não é descrito assim nas escrituras ou pelos Grandes Mestres. Os meios e métodos são tão rigorosos.

Amma: As escrituras e os Grandes Mestres sempre tentam tornar o processo simples. Eles ficam lembrando a você que o Ser superior, ou Deus, é sua natureza verdadeira, o que quer dizer que não está distante. É o seu Eu Real, sua face original. Mas você necessita de fé para absorver esta verdade. A descrença torna o caminho rigoroso, e a fé o torna simples. Diga a uma criança: "Você é um rei", e dentro de um segundo, a criança se identificará com a idéia e passará a agir como um rei. Os adultos têm tamanha fé? Não, eles não têm. Por isso é tão difícil para eles.

Foco no objetivo

Pergunta: Amma, como podemos intensificar nossa jornada espiritual?

Amma: Por meio de um *sadhana* [prática espiritual] sincero, com foco na Meta. Lembrem-se sempre que a existência física neste mundo é feita para nosso aprimoramento espiritual. Seus pensamentos e sua vida devem ser moldados de tal forma que ajudem seu progresso neste caminho.

Pergunta: Focar na Meta é o mesmo que ter desapego?

Amma: Para aquele que está concentrado na Meta, o desapego automaticamente aparece. Por exemplo, se você está viajando para outra cidade onde tem negócios urgentes, sua mente permanecerá constantemente fixada no destino, não é? Talvez veja um parque bonito e um lago, um agradável restaurante, um malabarista que equilibra 15 bolas e assim por diante, mas será atraído por alguma dessas coisas? Não. Sua mente estará desligada destas visões e presa ao destino. Da mesma forma, se alguém possui foco genuíno no objetivo, o desapego será uma conseqüência automática.

Ação e escravidão

Pergunta: Algumas pessoas acreditam que a ação cria obstruções no caminho espiritual e que por isso é preferível que a evitemos. É correto isso?

Amma: Provavelmente esta é uma definição de um preguiçoso. Carma [ação], por si mesmo, não é perigoso. No entanto, quando não é combinado com compaixão, quando é usado para auto-gratificação e por interesses dissimulados, ele se torna perigoso. Por exemplo, durante uma cirurgia, o cirurgião deve estar totalmente presente e ter uma atitude generosa também. Do contrário, se o médico ficar matutando sobre seus problemas domésticos, seu nível de atenção diminuirá e poderá até colocar a vida do paciente em risco. Tal carma é *adhármico* [ação incorreta]. Por outro lado, o sentimento de satisfação que o profissional sente com o sucesso na cirurgia poderá ajudá-lo a melhorar, se canalizar esse sentimento adequadamente. Em outras palavras, quando o carma é executado tendo a atenção e a compaixão como seus motivos principais, ele acelera nossa evolução espiritual. Por outro lado, fazer as tarefas com pouca ou nenhuma atenção e falta de compaixão torna-se perigoso.

Para o discernimento se desenvolver

Pergunta: Amma, como o discernimento se desenvolve?

Amma: Por meio da ação contemplativa.

Pergunta: Uma mente com discernimento é uma mente amadurecida?

Amma: Sim, uma mente espiritualmente amadurecida.

Pergunta: Uma mente assim terá maior capacidade?

Amma: Maior capacidade e compreensão.

Pergunta: Compreensão de quê?

Amma: Compreensão de tudo, de cada situação e experiência.

Pergunta: A senhora quer dizer até das situações negativas e dolorosas?

Amma: Sim, de tudo. Mesmo as experiências dolorosas, quando entendidas profundamente, têm um efeito positivo em nossas vidas. Logo abaixo da superfície de todas as experiências, boas ou ruins, está a mensagem espiritual. Então, enxergar tudo a partir de fora é materialismo e enxergar tudo a partir do interior é espiritualidade.

O salto final

Pergunta: Amma, existe um ponto na vida do aspirante espiritual em que ele ou ela deve simplesmente esperar?

Amma: Sim. Após fazer suas práticas espirituais por um longo tempo, ou seja, depois de empregar todo o esforço necessário, chegará o momento no qual o *sadhak* [aspirante espiritual] terá que parar todo *sadhana* [práticas espirituais] e esperar pacientemente a realização acontecer.

Pergunta: Pode o aspirante dar o salto por conta própria nesse momento?

Amma: Não. Na verdade, esse é um momento crucial, quando o *sadhak* precisa de imensa ajuda.

Pergunta: O Guru proverá esta ajuda?

Amma: Sim, somente a graça do *Satguru* [mestre verdadeiro] pode ajudar o *sadhak* neste momento. E é neste momento que o *sadhak* necessita de total paciência, porque fez tudo o que estava ao seu alcance, todo o auto-esforço foi empregado. Agora, ele está indefeso. Ele ou ela não sabe como dar o último passo. O aspirante pode se confundir neste ponto e se voltar para o mundo, pensando que não existe o tal estado de Auto-realização. Somente a presença do *Satguru* e sua graça poderão inspirar o discípulo e ajudá-lo a transcender esse momento.

O momento mais feliz da vida da Amma

Pergunta: Amma, qual é o momento mais feliz da sua vida?

Amma: Cada momento.

Pergunta: O que quer dizer?

Amma: Amma quer dizer que está constantemente feliz porque, no que concerne a Amma, existe somente amor puro.

Amma ficou em silêncio por um longo tempo. O darshan prosseguia. Então, um dos devotos trouxe uma figura da Deusa Kali dançando sobre o peito de Shiva para que Amma a abençoasse. Amma mostrou a figura ao devoto que estava na fila de perguntas.

Amma: Veja esta figura. Apesar de Kali parecer feroz, ela está em estado de graça. Você sabe por quê? Porque ela acabou de cortar a cabeça, o ego, de seu amado discípulo. A cabeça é considerada a morada do ego. Kali está celebrando o precioso momento quando seu discípulo transcendeu o ego completamente. Mais uma alma que por muito tempo vagava na escuridão foi libertada das garras de maia [ilusão].

Quando uma pessoa alcança a salvação, a *kundalini shakti* [energia espiritual] de toda a criação se eleva e acorda. Dali em diante ele ou ela vê tudo como divino. Então, dá-se o início de uma celebração sem fim. Por isso Kali está dançando em êxtase.

Pergunta: Quer dizer que, para a senhora também, o momento mais feliz é quando seus filhos são capazes de ir além de seus egos?

Um sorriso radiante iluminou a face da Amma.

O maior presente que a Amma oferece

Um devoto idoso que tinha câncer em estágio avançado veio receber o *darshan* da Amma. Sabendo que morreria em breve, o homem disse: "Adeus, Amma. Obrigado por tudo que a senhora me deu. A senhora derramou puro amor sobre este filho e mostrou o caminho durante este doloroso período. Sem a senhora, eu teria desabado há muito tempo. Mantenha esta alma sempre perto de si". Dizendo isso, o devoto segurou a mão da Amma e a colocou sobre seu peito. O homem então soluçou, cobrindo o rosto com as mãos. Amma afetuosamente o apoiou em seu ombro, enquanto limpava suas próprias lágrimas. Afastando a cabeça dele de seu ombro, Amma olhou fundo dentro de seus olhos. Ele parou de chorar. Parecia mais alegre e forte e disse: "Com todo o amor que a senhora me deu, Amma, seu filho não está triste. Minha única preocupação é se vou continuar ou não em seu colo após a morte. Esta é a razão de meu pranto. Se não fosse por isso, estaria bem".

Olhando profundamente em seus olhos com imenso amor e cuidado, Amma disse docemente: "Não se preocupe, meu filho, Amma garante que você permanecerá eternamente em seu colo".

A face do homem repentinamente se iluminou com imensa alegria. Ele parecia em paz. Com os olhos ainda úmidos, Amma silenciosamente o observou enquanto se afastava.

O amor dá vida a tudo

Pergunta: Amma, se tudo é permeado de consciência, também os objetos inanimados têm consciência?

Amma: Eles têm uma consciência que você não pode sentir ou entender.

Pergunta: Como podemos entender isso?

Amma: Através do amor puro. O amor torna tudo vivo e consciente.

Pergunta: Eu tenho amor, mas não vejo tudo como animado e consciente.

Amma: Isso significa que existe algo errado em seu amor.

Pergunta: Amor é amor. Como pode haver algo errado no amor?

Amma: O amor verdadeiro é aquilo que nos ajuda a experimentar a vida e a força vital em todos os lugares. Se seu amor não o capacita a enxergar isso, tal amor não é amor verdadeiro. É amor ilusório.

Pergunta: Mas isso é algo muito difícil de entender e praticar, não é?

Amma: Não, não é.

A devota permaneceu em silêncio com uma fisionomia confusa (com um ar confuso em seu rosto).

Amma: Não é tão difícil como você pensa. De fato, quase todos praticam isso, mas de forma inconsciente.

Justo naquele momento, uma devota trouxe um gato para que fosse abençoado pela Amma. Amma parou de falar por um momento. Ela afetuosamente segurou o gato por alguns instantes e o acariciou. Então, cuidadosamente, aplicou pasta de sândalo sobre sua testa e deu-lhe uma balinha.

Amma: Menino ou menina?

Pergunta: Menina.

Amma: Como se chama?

Pergunta: Rose... (com grande preocupação) Ela não tem se sentido bem nos últimos dois dias. Por favor, a abençoe, Amma, para que tenha uma rápida recuperação. Ela é minha amiga fiel e companheira.

Enquanto a senhora falava, lágrimas escorriam de seus olhos. Amma amorosamente esfregou um pouco de cinzas sagradas na gata e a devolveu para a dona, que deixou a presença da Amma alegremente.

Amma: Para aquela filha, seu gato não é como os outros milhões de gatos, seu gato é único. É quase como um ser humano. Para ela, sua "Rose" possui uma individualidade própria. Por quê? Porque ela ama demais a gata. Ela é tremendamente identificada com ele. Pessoas em todo o mundo fazem isso, não? Elas colocam nomes em seus gatos, cães, papagaios e, algumas vezes, até em árvores. Quando pegam a criatura e dão-lhe um nome, o animal, pássaro ou planta torna-se, para aquela pessoa em particular, único e diferente dos outros de sua espécie. De repente, ele assume o status de algo mais além de uma mera criatura. A identificação do indivíduo com o objeto é que lhe dá vida nova.

Veja uma criança pequena. Uma boneca torna-se um objeto consciente e vivo para ela. Ela conversa com a boneca, dá-lhe comida e a coloca para dormir. O que dá vida à boneca? O amor da criança por ela, não é? O amor transforma até um mero objeto em um ser vivo e consciente.

Agora diga para a Amma, tal amor é difícil?

Uma grande lição de perdão

Pergunta: Amma, existe alguma coisa que a senhora queira me dizer agora? Alguma instrução especial neste ponto da minha vida?

Amma: (sorrindo) Seja paciente.

Pergunta: Isso é tudo?

Amma: Isso é muito.

O devoto havia se virado e caminhado alguns passos quando a Amma gritou: "...e também tenha perdão".

Ouvindo as palavras da Amma, o homem se virou e perguntou: "A senhora está falando comigo"?

Amma: Sim, com você.

O homem se aproximou de novo do assento da Amma.

Pergunta: Eu tenho certeza que a senhora está me dando alguma dica, pois isso sempre acontece. Amma, por favor, me diga claramente o que está sugerindo.

Amma continuou dando darshan enquanto o homem esperava para ouvir mais. Por algum tempo, ela não disse nada.

Amma: Deve haver alguma coisa, algum incidente ou situação que de repente brotou em sua mente. De outra forma, por que você reagiria tão rapidamente quando ouviu Amma dizer "perdão"? Filho, você não teve a mesma reação quando a Amma disse "seja paciente". Você aceitou aquilo e se preparou par sair, não foi? Então, alguma coisa realmente o está preocupando.

Ouvindo as palavras da Amma, o homem se sentou em silêncio por algum tempo com a cabeça pendente. De repente, ele começou a soluçar, cobrindo o rosto com as mãos. Amma não pôde suportar a visão de seu filho em prantos. Ela afetuosamente enxugou suas lágrimas e esfregou seu peito.

Amma: Não se preocupe, filho. Amma está com você.

Pergunta: (soluçando) A senhora tem razão. Eu sou incapaz de perdoar meu filho. Não falei com ele no último ano. Estou profundamente magoado e com muita raiva dele. Amma, por favor, me ajude.

Amma: (olhando com compaixão para o devoto) Amma entende.

Pergunta: Há aproximadamente um ano, ele veio para casa totalmente drogado. Quando lhe perguntei sobre seu comportamento, ele ficou violento, gritou comigo e começou a quebrar os pratos e a destruir tudo. Perdi completamente a paciência e o expulsei de casa. Desde então, não mais o vi nem falei com ele.

O homem parecia realmente infeliz.

Amma: Amma vê seu coração. Qualquer um teria perdido o controle nesta situação. Não carregue sentimentos de culpa acerca deste incidente. No entanto, é importante você perdoá-lo.

Pergunta: Eu quero, mas sou incapaz de esquecer e seguir adiante. Sempre que meu coração diz para perdoá-lo, minha mente fica em dúvida. Minha mente diz: "Por que você deveria perdoá-lo? Ele cometeu um erro, então deixe que se arrependa e busque seu perdão".

Amma: Filho, você quer realmente resolver a situação?

Pergunta: Sim, Amma, quero. E quero ajudar a curar meu filho e a mim.

Amma: Então, nunca ouça a sua mente. A mente não pode curar ou resolver qualquer situação. Pelo contrário, a mente pode agravá-la e confundir você ainda mais.

Pergunta: Amma, qual é seu conselho?

Amma: Amma talvez não possa dizer o que você deseja ouvir. Porém, Amma pode falar o que realmente vai ajudar você a resolver a situação e trazer paz para você e seu filho. Tenha confiança, e as coisas gradualmente se resolverão.

Pergunta: Bondosamente me instrua, Amma. Eu farei o meu melhor para seguir o que a senhora disser.

Amma: O que aconteceu já aconteceu. Permita-se acreditar e aceitar isto primeiro. Então, acredite que além da causa conhecida também houve uma causa oculta para a cadeia de acontecimentos que ocorreu naquele dia. Sua mente está inflexível e determinada a jogar a culpa em seu filho por tudo. Certo. Considerando aquele incidente em particular, talvez ele seja culpado. Contudo...

Pergunta: (ansiosamente) Amma, a senhora não terminou o que ia dizer.

Amma: Deixe a Amma fazer uma pergunta. Você tinha uma relação de respeito e amor com seus pais, seu pai em particular?

Pergunta: (parecendo intrigado) Com minha mãe sim, eu tive uma relação linda, mas com meu pai tive um relação terrível.

Amma: Por quê?

Pergunta: Porque ele era muito rígido, e eu achava difícil aceitar seu modo de ser.

Amma: E, é claro, houve vezes nas quais você foi muito rude com ele, ferindo os sentimentos dele, não é?

Pergunta: Sim.

Amma: Isso significa que o que você fez com seu pai agora está retornando para você na forma de seu filho, suas palavras e atos.

Pergunta: Amma, eu confio em suas palavras.

Amma: Filho, você não sofreu muito por causa da sua tensa relação com seu pai?

Pergunta: Sim, eu sofri.

Amma: Você alguma vez o perdoou e restabeleceu a relação?

Pergunta: Sim, mas somente alguns dias antes de sua morte.

Amma: Filho, você quer que seu filho passe pelo mesmo sofrimento, que, por sua vez, trará infelicidade para você também?

O homem irrompeu em lágrimas enquanto balançava a cabeça e dizia: "Não, Amma... nunca".

Amma: (segurando ele apertado) Então, perdoe seu filho, porque este é o único caminho para a paz e o amor.

O homem se sentou ao lado da Amma e meditou por um longo tempo. Quando saiu, disse: "Sinto-me tão leve e relaxado. Eu vou encontrar meu filho o quanto antes. Obrigado, Amma. Muito obrigado".

Darshan

Pergunta: Como as pessoas devem se aproximar da senhora para receber seu *darshan* intensamente?

Amma: Como vivenciar intensamente a beleza e a fragrância de uma flor? Permanecendo completamente aberto para a flor. E se você estiver com o nariz obstruído? Então não conseguirá sentir o cheiro. De forma similar, se sua mente estiver bloqueada por julgamentos e idéias preconcebidas, você não aproveitará o *darshan* da Amma. Um cientista olha para uma flor como um objeto a ser explorado; um poeta, como uma inspiração para um poema. E quanto ao músico? Ele canta as flores. Um especialista em ervas a verá como uma fonte efetiva de cura, não é? Para um animal ou um inseto, não é nada além de comida. Nenhum deles vê a flor como uma flor, como um todo. Assim também as pessoas têm diferentes naturezas. Amma recebe a todos igualmente – dá a todos a mesma oportunidade, o mesmo amor, o mesmo *darshan*. Ela não dispensa ninguém, porque todos são seus filhos. No entanto, o *darshan* pode ser diferente, dependendo da abertura de quem o recebe. O *darshan* está sempre lá. É um fluxo constante. Você só tem que recebê-lo. Se você conseguir se separar de sua mente completamente por pelo menos um segundo, o *darshan* acontecerá em toda sua plenitude.

Pergunta: Neste sentido, todos recebem seu *darshan*?

Amma: Depende do quão aberta a pessoa está. Quanto mais aberta, mais *darshan* receberá. Todos têm um vislumbre, mesmo que não seja completo.

Pergunta: Um vislumbre de quê?

Amma: Um vislumbre do que realmente são.

Pergunta: Isto significa que eles terão um vislumbre do que a senhora realmente é também?

Amma: A realidade tanto em você quanto na Amma é a mesma.

Pergunta: E o que é?

Amma: O silêncio extasiado do amor.

Não pensar e sim confiar

Repórter: Amma, qual é seu propósito ao estar aqui, neste planeta?

Amma: Qual é o seu propósito de estar aqui neste planeta?

Repórter: Estabeleci objetivos em minha vida. Acho que estou aqui para alcançá-los.

Amma: Amma também está aqui para alcançar alguns objetivos que são benéficos para a sociedade. No entanto, diferentemente de você, Amma não apenas acha que estes objetivos serão alcançados, Amma tem completa confiança que esses objetivos serão atingidos.

AUM TAT SAT